Was ist Coaching?

Coaching Guide

Was ist New (Social) Media-Coaching?

www.coaching1.ch

Markus Köberle

Inhaltsverzeichnis

Impressum

Markus Köberle
Albisstr. 2
CH-8134 Wallisellen / Schweiz
E-Mail : mail+coachingbuch@aese.ch
Website: www.coaching1.ch

Vorwort

Über den Autor

Mein Name ist Markus Köberle und ich helfe anderen, die neuen Medien für sich selbst und ihr Geschäft einzusetzen. Ich bin Internet Unternehmer, Life Coach mit Ausbildung in Klinischer Hypnose und Autor von verschiedenen Büchern wie „Wie kann ich mein erfolgreiches Sachbuch schreiben?" „Amazon Kindle Revolution" und „Wie veröffentliche ich mein erstes Buch auf Amazon Kindle".

Was erwartet mich diesem Buch

„Erfolgreiche Menschen stellen die besseren Fragen, und das Resultat sind bessere Antworten" Tony Robbins

Nach meinem letzten Buch „Wie veröffentliche ich mein erstes E-Book auf Amazon Kindle" erkannte ich den Bedarf nach Informationen im Multimediabereich und New Media. Das ist ein Grund für das neue Buch. Der zweite Grund ist, dass ich immer wieder dieselben Fragen zum Thema Coaching und New Media Coaching erhielt.

Fragen wie:

- Was ist Coaching?
  Was ist New Media Coaching?
  Was ist Holistic Coaching?
  Was ist Business Coaching?

Und auch die Analyse der Google Keywords zeigt, dass das Wort Coaching im Deutschen Raum pro Monat ca. 18'000 mal gesucht wird. (Das schalten einer Adsense Google Werbung mit dem Keyword „coaching" kostet ca. 2.40 CHF pro Klick und die Google Werbung mit dem Keyword „Business Coach" kostet ca. 8.20 CHF pro Klick)

Das zeigte mir, dass ein grosses Interesse an der Beantwortung dieser Fragen gibt. So ist dieses Buch entstanden.

Diese Buch ist nicht über Coaching- oder New Media Techniken

Mein Ziel ist es, mit diesem Buch einen Überblick über die verschiedenen Coaching Richtungen zu geben. Dieses Buch soll helfen die verschiedenen Coaching Strategien kennenzulernen und danach mit einem Grundwissen den nächsten Schritt zu unternehmen. Wenn Sie eine tiefe Abhandlungen über die verschiedenen Coaching Stile erwartet haben, sorry, dann geben Sie dieses Buch zurück. Wir bleiben trotzdem Freunde.

Ist Ihre Mitarbeit erwünscht?

Wenn Sie ein Coach sind, und einen interessanten Beitrag schreiben wollen, der kein Werbeartikel ist, dann Bitte erste Kontaktaufnahme über: mail+coach@aese.ch

Weitere Bücher von Markus Köberle

Wie veröffentliche ich mein erstes E-Book auf Amazon Kindle?

In diesem E-Book beschreibe ich den einfachsten Weg ein E-Book für Amazon Kindle zu formatieren und bei Amazon KDP zu publizieren.
Amazon ASIN: B00BC3N73G

Wie kann ich mein erfolgreiches Sachbuch schreiben?

Können Sie sich vorstellen zu sagen „Ich bin Buchautor", und möchten Sie die Anerkennung und Reputation eines Buchautors für Ihr Geschäft oder Ihre Karriere nutzen? Dann ist diese Buch für Sie.

Content und Education Marketing haben sich als das effizienteste Werbemittel herausgestellt, aber nur wenige nutzen das Content und Education Marketing in Buchform. Viele Menschen haben immer noch eine grosse Angst, ein Buch zu schreiben. Mit der Methode, die ich in diesem Buch beschreibe, ist es aber für jeden möglich, ein kleines Sachbuch oder einen kleinen Ratgeber in 2 bis 3 Monaten fertigzustellen.
Amazon ASIN: B009AVTXI0

Kapitel 1 - Was ist Coaching?

Die allgemeine Definition von Coaching beschreibt ein Training oder einen Entwicklungsprozess, durch den eine Person dank der Unterstützung eines Coachs ihr gesamtes Potential entwickelt oder ein Ziel erreicht, auf das sie hinarbeitet.

Coaching ist lösungs- und zielorientiert. Coaching kommt nicht nur im beruflichen Zusammenhang zum Einsatz, sondern ebenso in zahlreichen anderen nicht-beruflichen Bereichen. Zwei sehr populäre Einsatzgebiete sind das Life-Coaching und das Sport-Coaching.

Es gibt Begriffe, die vielfach gleichbedeutend mit Coaching verwendet werden, aber nicht dasselbe sind. Dieses Kapitel zeigt die Unterschiede zwischen Coaching und Mentoring, einer Fachberatung (Consulting), einem Beratungsgespräch und dem Training durch einen Sport-Coach.

Diese Aufstellung ist eine Hilfe für jene Personen, die eine Beratung suchen, aber Schwierigkeiten haben, die für sie geeignete zu finden.

Coaching – Mentoring

Coaching könnte mit Mentoring verwechselt werden, es sind jedoch zwei verschiedene Begriffe.

Coaching ist lösungs- und zielorientiert, wobei sich der Coach auf reale Sachfragen konzentriert.

Auf der anderen Seite steht Mentoring, das beziehungsorientierter ist. Ein Mentor gibt auf Grund seiner Erfahrungen Ratschläge. Hierbei schafft der Mentor eine Atmosphäre, die dem Mentoree erlaubt, seine persönlichen Probleme mitzuteilen, die – zum Beispiel - seine Arbeitsproduktivität stören.

Häufig stammt der Mentor aus derselben Firma und kann in der Hierarchie über dem Mentoree stehen. Das kann von Vorteil sein, da der Mentor das Unternehmen und dessen Struktur genau kennt. Aber gerade diese persönliche Nähe und die Position in der Hierarchie können auch ein Argument gegen Mentoring sein.

Coaching ist eher als eine kurzfristige Beziehung zu verstehen. Ist das Sachproblem gelöst, endet der Kontakt zum Coach. Coaching kann sich aber auch über Monate hinziehen, wenn die Erreichung des gesetzten Ziels umfassende Massnahmen und/oder Umstrukturierungen verlangt.

Mentoring wiederum erfordert einen längerfristigen Kontakt auf beiden Seiten, um sich aufeinander einzustellen und um eine erfolgreiche Hilfe und Beratung zu ermöglichen. Es ist ein Klima des Vertrauens erforderlich, damit das Beziehungsverhältnis gedeihen kann.

Im Grunde ist der Unterschied zwischen Coaching und Mentoring der, dass Coaching „unpersönlicher" ist und vielfach in höchst kritischen Entwicklungsprozessen benötigt wird, um brisante Probleme direkt zu lösen.

Dabei darf nicht vergessen werden, dass auch Coaching auf Diskretion und Vertrauen beruht. Ob es dabei um interne Betriebsinformationen oder persönliche Schwächen oder gar Ängste eines Coachees geht: Der Coach sichert stets höchste Verschwiegenheit zu.

Mentoring ist ein Prozess, in dem der Mentor indirekt an den Fortschritten seines Mentoree beteiligt ist und dem er Ratschläge erteilt, nachdem sich beide gut kennengelernt haben und der Mentor eine wesentliche Bezugsperson im Leben des Mentoree geworden ist.

Coaching – Consulting

Ein anderer Begriff, der in Bezug auf Coaching verwirren kann, ist die Fachberatung, für die heute meist das englische Wort Consulting verwendet wird.

Im Coaching ist es das Hauptziel des Coachs, das gesamte Potential für ein spezielles Problem freizusetzen und Möglichkeiten und Strategien zu erarbeiten, wie dies zu verwirklichen ist.

Üblicherweise erlaubt ein Coach zu visualisieren, was der Coachee als Endresultat erreichen möchte. Ein Coach steuert kleinere Probleme an, die den Coachee daran hindern, das grosse Ziel zu erreichen. Dieses kann auch in vorgefassten Anschauungen und in der Wahl des Lebensstils begründet sein.

Coachs helfen ihren Klienten, ein Ziel zu formulieren, bei dem sie ihr volles Potential entfalten können und das gleichzeitig realistisch und erreichbar ist.

Nach der Visualisierung und Fixierung dessen, was der Klient möchte, plant der Coach einen schrittweisen Aktionsplan, um die Ziele zu erreichen und den Fortschritt des Klienten zu verfolgen und entsprechend zu coachen.

Der Coach ist derjenige, der ermutigt, unterstützt, der hinterfragt, sich jedoch auch einfühlt, der lobt oder tadelt, damit sicherstellt, dass der Coachee am Ball bleibt.
Auf der anderen Seite steht die Beratung bzw. das Consulting. Wenn ein Unternehmen oder eine Person Schwierigkeiten in einem gewissen Bereich hat, kann ein Consultant beigezogen werden, der eine fertige Lösung erarbeitet.

Consultants arbeiten mit verschiedenen Ansätzen. Ein Berater ist grundsätzlich ein Experte in seinem Bereich und verfügt über die notwendigen Werkzeuge und das Wissen für die Problemlösung.

Berater analysieren ein Problem (oder mehrere Probleme) und erarbeiten dann detaillierte Lösungen für diese Probleme, die dann umgesetzt werden.

Fachberater geben dem Kunden üblicherweise Lösungen bzw. unterbreiten Lösungsvorschläge, die dieser braucht, um die analysierten Probleme angehen zu können. Die Klienten haben zwar einen Einfluss bei der Lösungssuche, der Prozess jedoch liegt in den Händen der Consultants.

Beim Coaching entwickeln Coach und Coachee gemeinsam eine Lösung, wobei hier der Coachee die Fäden in der Hand hält.

Coaching - Therapie

Coaching wird oft mit Beratungsgesprächen oder einer (Psycho-)Therapie verwechselt, weil beide emotionale Unterstützung geben und weil beim Coaching auch sehr persönliche Dinge angesprochen werden können. Viel wesentlicher sind jedoch die Unterschiede zwischen den beiden Beratungsformen.

Beim Coaching ist der Klient, der ein Ziel erreichen möchte, emotional und psychisch gesund. Ein Coach setzt sich mit Sachproblemen auseinander, die den Klienten daran hindern können, sein volles Potential zu entwickeln. Im Grunde ist der Coach mit der Leistungsverbesserung seines Klienten im privaten Leben und/oder am Arbeitsplatz beschäftigt.

Die Beziehung zwischen einem Klienten und einem Coach besteht nur aufgrund der Absicht, bestimmte Ziele zu erreichen, die das Ergebnis eines entsprechenden Plans und Handlungsprozesses sind, die dorthin führen sollen.

Der Coach will Resultate erreichen, und er ist darauf fokussiert, unter intensiver Mitwirkung seines Klienten mögliche Lösungen zu finden.

Eine der meist gestellten Fragen im Coaching ist: „Wo möchten Sie stehen, und wie können Sie dort ankommen?"

Bei einer Therapie dagegen findet der Therapeut den Ratsuchenden meist in einer schlechten physischen oder emotionalen Verfassung vor. Dann ist es die primäre Aufgabe des Therapeuten, den Klienten zu betreuen und seinen Zustand zu stabilisieren bzw. zu verbessern.

Der Prozess einer Therapie ist ein rückwirkender. Der Therapeut geht mit dem Klienten in die Vergangenheit zurück, um die Wurzel(n) des Leidens zu finden und Erklärungen zu liefern, warum der Klient leidet.

Die Beziehung zwischen Klient und Therapeut wird angetrieben von verletzten Gefühlen und ungelösten Fragen. Der Therapeut ist ein Experte darin, wie die Konfliktsituation des Klienten gelöst werden kann.

Das Ziel von Therapien ist, dass sich der Klient wieder besser fühlt und im besten Fall emotional und/oder physisch geheilt ist. Die häufigste Frage bei Therapien ist: „Wie haben Sie sich dabei gefühlt?"

Coaching - Sporttrainer

Im Sport sind Coachs und Trainer sehr präsent. Coachs sind dafür verantwortlich, dass ein Team zuverlässig funktioniert und sein volles Potential entwickelt. Sport-Coachs haben in der Regel ein Auge auf die technischen, konditionellen und persönlichen Probleme der Spieler, die das ganze Team oder einzelne Spieler daran hindern können, ihr volles Potential auszuschöpfen.

Üblicherweise sind Sport-Coachs auch dafür verantwortlich, ein Team aufzubauen und die Spieler als Gemeinschaft zu stärken, indem er sie ermutigt oder Lösungen für Situationen vorschlägt, denen das Team ratlos gegenübersteht.

Die Aufgaben des Sporttrainers beinhalten die Ausarbeitung eines Trainingsprogramms für das gesamte Team und jeden einzelnen Spieler. Dabei geht es um die Optimierung und Kombination der Fähigkeiten der einzelnen Spieler, um so ein effektives Zusammenspiel zu bewirken und auf diese Weise Höchstleistungen zu erzielen.

Zu den Aufgaben eines Sporttrainers gehört aber auch die verantwortungsbewusste Einbeziehung von psychologischen Konzepten wie Mental-Coaching, um die geistigen Fähigkeiten der

Athleten zu verfeinern und zu stärken. Aber auch in Bezug auf Ernährung und Lebensweise gibt der Sporttrainer seinen Spielern Tipps und Hinweise, damit diese ihre volle Leistungsfähigkeit entwickeln können.

Kapitel 2 - Was ist New (Social) Media-Coaching?

Kurz gefasst: Ein New Media-Coach hilft, Inhalte zu erstellen, um diese anschliessend auf allen wichtigen Plattformen zu publizieren.

Was ist der Nutzen davon, wenn ein Unternehmen oder eine Person auf allen Plattformen sichtbar und hörbar ist? Als Unternehmer, als Experte oder als Non-Profit-Organisation müssen Sie auf allen fünf Distributionskanälen präsent sein, um sich gegen die Konkurrenz zu behaupten.

Das sind die (zur Zeit) fünf wichtigsten Distributionskanäle (Castings)

- Social Casting auf Facebook, Twitter, YouTube, Google Plus, Pinterest und LinkedIn
- Podcasting auf iTunes
- Bookcasting auf E-Books / Print on Demand Publishing
- Livecasting auf Google Hangouts und Webinare
- Mobile Casting auf Tablets und Smartphones

Was ist der Nutzen der neuen Medien?

Mit dem Publizieren von Content auf Amazon, Google, Facebook etc. profitieren Sie von der Autorität der Giganten. Wenn Sie nur einen Teil des neuen Medienangebots nutzen, können Sie Ihren Marktwert und Ihr Einkommen schnell steigern. Die neuen Medien sind schnell, einfach und fast kostenlos.

Warum sollten die neuen Medien genutzt werden?

Um als Experte wahrgenommen zu werden, musste man bis vor einigen Jahren in Fernsehen, Radio und Zeitungen präsent sein. Das war nicht einfach und klappte fast nur über Beziehungen oder über teure Media-Agenten. Mit den neuen Medien hat sich das grundlegend geändert. Jeder, der sein Schicksal und seinen Erfolg selbst in die Hand nehmen will, hat fünf verschiedene Plattformen zur Verfügung, um sofort zu starten.

Was bedeutet das für den Einzelnen?

Die gesamte Medienlandschaft hat sich verändert und sich ins Internet und ins mobile Internet verschoben.

Welche Chance bietet diese Umwälzung in der Medienlandschaft für den Einzelnen?

Es ist eine grosse Chance, die sich in dieser Form nicht so schnell wiederholen wird. Solche Chancen sollte man packen. Es geht also nur noch darum, wie solche Chancen anzupacken und umzusetzen sind.

Stellen Sie sich vor, Sie betreten ein neues Grundstück. Was machen Sie als Erstes? Genau, Sie verschaffen sich einen Überblick. Das ist bei den neuen Medien dasselbe. Darum gibt es hier als Nächstes eine Übersicht.

Überblick über die fünf neuen Media-Plattformen

Podcast

Als Erstes fragen sich viele Leute, sind Podcasts zeitgemäss? Ja, das sind sie. Podcasts sind für Sie als Produzent einfach herzustellen und für den Hörer einfach und überall zu hören. Also im Auto, beim Training, im Flugzeug, in der Bahn und beim Sport.

Ein Podcast ist ein gesprochener Beitrag. Der Beitrag wird mit einem Audiogerät, Smartphone oder mit dem Computer aufgezeichnet. Daraus entsteht eine Audiodatei. Diese Audiodatei wird auf einen ausgewählten Speicherplatz im Internet hochgeladen und über Plattformen wie Apples iTunes, Soundcloud, Hörsuppe etc. vertrieben (siehe Linkverzeichnis im Anhang).

Welche Arten von Podcasts gibt es?

Solo Podcast
Da ist als Erstes der Solo Podcast. Im Solo Podcast sprechen vor allem Sie. Sie können Einblendungen mit Musik oder anderen Gesprächen hinzufügen.

Interview
Beim Interview nehmen Sie ein Gespräch mit einem Interviewpartner oder einer Interviewpartnerin auf.

Gesprächsrunde
Das kann eine Diskussion sein oder ein Interview mit mehreren Personen.

Reportage und Hörspiel
Für Reportagen und Hörspiele ist der Podcast ebenfalls ein geeignetes Medium.

Welche technische Ausrüstung braucht es, um einen Podcast aufzunehmen?

Die einfachste Lösung ist ein Diktiergerät oder ein Smartphone. Dafür gibt es Apps. Oder noch einfacher: Sie verwenden ein Mikrofon und einen Computer (PC, Laptop oder Tablet). Wenn Sie bei der Aufzeichnung auf einen Computer ein ordentliches Headset (Kopfhörer und Mikrofon) benützen, dann haben Sie eine gute Audioqualität.

Fazit: Podcasts sind ein einfaches und extrem kostengünstiges Medium, um Ihre Kunden und Anhänger zu erreichen. Und ganz wichtig: Podcasts können problemlos auf mobile Geräte geladen werden. Mobile Geräte wie Tablets und Smartphones sind beim Nutzer fast schon 24-Stunden-Begleiter.

Übrigens: Auch aus einem Video können Sie einen Audio-Podcast produzieren, und aus einem Artikel können Sie ebenfalls ganz einfach einen Podcast herstellen.

Video und Live Casting

Was ist Video und Live Casting?

Vielleicht denken Sie: Video ist eine grosse Kiste, und das Handling ist nicht ganz einfach. Seien Sie unbesorgt: Video ist einfach! Was ein Video ist, muss nicht näher erläutert werden. Niemand wird bestreiten, dass Videos zeitgemäss sind.

Welche Arten von Video gibt es?

Solo Video
Sie stehen vor der Kamera und stellen ein Produkt, ein Buch, eine Dienstleistung oder eine Serviceleistung vor.

Interview Video
Beim Interview nehmen Sie ein Gespräch mit einem Interviewpartner auf.

Gesprächsrunde Video
Das kann eine Diskussion sein oder ein Interview mit mehreren Personen.

Reportage Video
Sie machen eine Reportage und erklären zum Beispiel, wo Ihr Produkt oder Ihre Dienstleistung eingesetzt wird und was der Effekt ist.

Video Live Cast

Mit einem Live Cast übertragen Sie Webinare und Google Hangouts ins Internet.

Slide (Powerpoint) Video

Sie zeichnen eine Powerpoint-Präsentation mit Ihren mündlichen Ausführungen als Video auf.

Screen Cast Video

Mit einer Recording-Software zeichnen Sie Ihren Computerbildschirm auf und sprechen dazu Ihre Ausführungen.

Welche technische Ausrüstung braucht es, um ein Video aufzuzeichnen?

In der Videotechnologie hat sich ein extremer Wandel hin zu günstigen und leistungsfähigen Videokameras vollzogen. Waren vor zwei Jahren noch Kameras von über 2'000 Franken notwendig, um eine ansprechende Bild- und Tonqualität zu bekommen, können Sie heute eine Kamera für 300 Franken kaufen und haben eine exzellente Bild- und Tonqualität.

Und unter Umständen braucht es nicht einmal eine Videokamera. Für einfache Projekte können Sie die Kamera eines Smartphones benutzen. Für eine gute Audioqualität gibt es gute und günstige externe Mikrofone.

Für Powerpoint und Screen Cast Videos brauchen Sie nicht einmal eine Kamera. Sie können den Bildschirm mit einer Screen Recording Software (z.B. Camtasia) aufnehmen.
Für Video Live Casts und Webinare reicht die eingebaute oder eine externe VideoCam, welche über den USB-Anschluss mit dem Computer verbunden wird.

Fazit: Video ist ein einfaches und extrem kostengünstiges Medium, um Kunden und Fans zu erreichen. Ganz wichtig: Videos können problemlos auf mobile Geräte geladen werden, und, wie bereits erwähnt: Mobile Geräte sind beim Nutzer fast schon 24-Stunden-Begleiter.
Auch aus einem Video können Sie ohne nennenswerte Probleme einen Audio-Podcast produzieren.

E-Books / BoD Book on Demand

Was ist E-Book und Buch-Marketing?

Ein Buch zu schreiben, daran haben Sie vermutlich noch nicht gedacht, weil Sie denken, dass das eine „zu grosse Kiste" für Sie ist. Ich kann Sie beruhigen und sage Ihnen mit gutem Gewissen: Bücher zu schreiben, ist einfacher, als Sie im Moment vielleicht denken. Was ein Buch ist, brauche ich nicht näher zu erläutern. Es gibt aber verschiedene Arten von Büchern.

Welche Arten von Büchern gibt es?

Das gedruckte Buch
Ein gedrucktes Buch ist das, was wir bislang unter einem Buch verstanden haben. Gedruckte Bücher waren bis vor einigen Jahren noch ein kostspieliges Unterfangen.

Aber mit dem Print-On-Demand (das Buch wird erst gedruckt, wenn es bestellt bzw. gekauft wird) sind die Produktionskosten und das Risiko eines Buchprojektes dramatisch gesunken.

Das PDF-E-Book
Mit dem Aufkommen des transportablen Dokumentformats - Portable Document Format

(PDF) wurde es möglich, Dokumente zu erstellen, die auf allen Computern gleich dargestellt werden. Das PDF-Format wird für downloadbare Reports und einfache E-Books verwendet. PDF-Dokumente können aus Microsoft Word-Dokumenten (oder jeder anderen Textverarbeitungssoftware) oder mittels online-Diensten erstellt werden.

Das E-Book für E-Book-Lesegeräte (E-Reader)
Verschiedene Firmen haben für ihre Lesegeräte verschiedene Formate entwickelt. Die beiden bekanntesten Formate sind das Amazon-Kindle- und das Apple-iBook-Format. Das am verbreitete Format ist jedoch das Amazon-Kindle-Format. Das Kindle-Format funktioniert auch Plattform übergreifend auf jedem PC sowie dem iPad und allen Android- und Windows-Tablets und -Smartphones: Einfach App installieren und los geht's!

Das Audio-Buch
Das Audio-Buch ist ein Hörbuch. Die Grundlage für ein Audio-Buch ist in der Regel ein Buch oder E-Book.

Das E-Magazin
Das E-Magazin ist noch nicht so verbreitet. Ein bekanntes Format ist das Apple Newsstand-

Format. Aber auch für die Android-Plattform gibt es in der Zwischenzeit News-Apps. Die E-Magazine haben ein ähnliches Format wie die gedruckten Magazine. E-Magazine haben in der Regel viele Bilder und Videos.

Fazit: E-Books sind ein einfaches und extrem kostengünstiges Medium, um Kunden und Anhänger zu erreichen. Ganz wichtig: E-Books können problemlos auf mobile Geräte geladen werden, und sind, wie bereits erwähnt, beim Nutzer fast schon 24-Stunden-Begleiter.

Social Media

Was ist Social Casting?

Social Media ist das aktuell neueste und aktuellste Marketing-Instrument. Social Media-Plattformen wie Facebook, Twitter, LinkedIn, Pinterest und Google Plus (Google+) haben sich zu machtvollen Multimedia-Plattformen entwickelt. Untenstehend ist eine (unvollständige) Liste der wichtigsten Social Media-Plattformen.

Facebook

Facebook ist die grösste Social Media-Gemeinschaft (Community). Facebook hat über 1 Milliarde Nutzer. Facebook ist aber nicht nur wegen der grossen Nutzerzahl interessant.

Facebook ist auch als Werbeplattform unschlagbar, weil Sie Ihre Werbung zielgruppenkonform nach Alter, Geschlecht, Sprache, Hobbys etc. genau adressieren können.

Twitter

Nach Facebook kommt der Kurznachrichtendienst Twitter. Twitter hat über 500 Millionen User. Wie bei Facebook ist die zur Zeit am schnellsten wachsende Benutzergruppe zwischen 55 und 64 Jahre alt.

YouTube

YouTube ist ebenfalls eine grosse Social Media-Plattform und die zweitgrösste Suchmaschine nach Google. YouTube hat jeden Monat 1 Milliarde Besucher. YouTube-Videos erscheinen auch in den Suchergebnissen von Google.

Google Plus / Google+

Google Plus / Google+ ist die Antwort auf Facebook. Google+ hat mittlerweile über 1 Milliarde registrierte Nutzer. Das muss allerdings relativiert werden, da sich jeder Android-Nutzer mit einem Google-Account registrieren muss, was automatisch zu einem Nutzer-Account bei Google+ führt. Google+ hat schätzungsweise 400 Millionen aktive Nutzer.

Pinterest

Pinterest ist eine Social Media-Plattform, die hauptsächlich von Bildern lebt und circa 70 Millionen registrierte User zählt.

LinkedIn

LinkedIn ist ein Karriere-Netzwerk, das weltweit ungefähr 240 Millionen Nutzer hat.
LinkedIn ist eine Business-orientierte Social Media-Plattform.

Fazit: Social Media-Dienste sind ein einfaches und extrem kostengünstiges Medium, um Ihre Kunden und Anhänger schnell zu erreichen. Ganz wichtig: Social Media-Plattformen sind auch auf mobilen Geräten sehr stark präsent, die beim Nutzer fast schon 24-Stunden-Begleiter sind. Über die Social Media-Dienste können das E-Book-Marketing, das Video-Marketing und das Podcasting miteinander verbunden werden.

Was und wo beginnen?

Als Erstes: Langsam angehen. Das ganze Angebot ist überwältigend. Es reicht, wenn Sie mit *einem* Distributionskanal beginnen und, nachdem dieser aufgestellt ist, den nächsten Schritt in Angriff nehmen.
Ein guter Start für Ihren Einstieg in die New Media-Welt ist ein Kindle E-Book und ein Book-On-Demand Paperback Buch. Warum?

Ein Buchautor kann sich so als Experte positionieren. Was denken Sie, wie das wirkt, wenn Sie Ihrem Gesprächspartner zusammen mit Ihrer Visitenkarte ein gedrucktes Buch übergeben oder auf Ihr E-Book verweisen?

Fazit: Wenn Sie den Übergang in die neue Internet- und mobile Media-Welt schnell und ohne grosse finanzielle Abenteuer ins Rollen bringen wollen, dann lohnt sich die Zusammenarbeit mit einem New Media-Coach.

Kapitel 3 - Was ist Mental-Coaching?

Phänomene, die gedacht oder in unserer Vorstellung präsent sind, werden als „mental" bezeichnet. Coacht ein Mental-Coach unsere Gedanken? Von „Gedanken, Worten und Werken" wird bereits in der Bibel berichtet. Tatsächlich bestimmen Gedanken unser Leben.

Wir bemerken den Gedankenkreisel, wenn wir uns nicht entscheiden können. Wir planen in Gedanken unseren Tagesablauf, oder wir stellen uns vor unserem geistigen Auge etwas Schönes vor, das wir uns wünschen oder erreichen wollen.

Damit wird klar, wie Denken unser Leben bestimmt und wie wichtig es ist, was wir denken.

Mental-Coaching

Hier setzt das Mental-Coaching an. Beim Mental-Coaching werden gute und negativ wirkende Gedanken aufgedeckt. Hierzu gehört auch das Bewerten des eigenen Handelns. So kann zu kritisches (Selbst-)Bewerten schnell die Leistung und Motivation mindern.

Ihren Ursprung hat das Mental-Coaching in der Sportpsychologie, wo mentales, also in Gedanken vorgestelltes Training von Bewegungsabläufen neben dem physischen Training angewendet wurde.

Nach und nach kamen weitere psychologische Methoden hinzu wie zum Beispiel das Training der Aufmerksamkeitsregulation oder das Prognose-Training: Damit war Mental-Training geboren.

In der Sportpsychologie stellt sich der Sportler beim mentalen Training wiederholt einen sportlichen Handlungsablauf vor, ohne die Übung tatsächlich aktiv zu durchzuführen. Dies wird den später tatsächlich ausgeführten Bewegungsablauf verbessern.

Der Erfolg ist davon abhängig, wie lebhaft und intensiv die Vorstellung ist und wie sehr sich die Person in die Situation hineinversetzen kann.

Was macht ein Mental-Coach?

Aus dem Mental-Training hat sich das Mental-Coaching entwickelt, da nicht nur Sportler von dieser Methode profitieren können.

Auch Prominente sowie Stars, Politiker und andere Personen des öffentlichen Lebens nutzen das Mental-Coaching, um sich auf Auftritte und Präsentationen vorzubereiten. Mental-Coaching eignet sich aber auch für Führungskräfte und alle, die ihr volles Potential ausschöpfen möchten.

Oft sind es nicht die fehlenden Leistungen oder mangelndes Talent oder ein nicht genügend grosses Potential, sondern unsere Gedanken, die uns das Selbstvertrauen oder das Durchsetzungsvermögen rauben und uns daran hindern, unser Potential voll auszuschöpfen.

Ein Mental-Coach hilft dabei, die Kraft der Gedanken zu nutzen und die Qualität dieser zu steigern. Er hilft, Gedankenmuster, die uns einschränken, zu erkennen und zu verändern oder diese in die richtige Richtung zu lenken.

Ein Mental-Coach hilft bei der Problemsuche und Problemlösung innerhalb eines partnerschaftlichen Prozesses. Damit bekommt der Coachee mehr Selbstvertrauen, steigert seine Motivation, meistert eine Hochleistungsphase besser und erreicht ein gesetztes Ziel auch sicher.

Kapitel 4 – Was ist Business-Coaching?

Im geschäftlichen Umfeld ist Business-Coaching mittlerweile ein fester Bestandteil geworden.

Wenn Sie ein Unternehmen führen oder besitzen, dann wissen Sie, dass für den Erfolg, für mehr Gewinn und für ein hohes Einkommen eine gute Planung und eine exakte Ausführung essentiell sind. In jedem Unternehmen gibt es aber einmal eine Situation, die mit einem gezielten Business-Coaching schneller, effizienter und besser gelöst werden kann. Schneller, effizienter und besser heisst in diesem Fall auch Kosten sparen.

Was ist Business-Coaching?

Wie Sie aus Ihrem Berufsalltag wissen, können die Situationen, in denen man Hilfe brauchen kann, vielfältig sein. Sie können Problemen wie der Organisation bestimmter Geschäftsabläufe gegenüber stehen.

Ein anderer Knackpunkt kann sein, dass Sie nach Jahren in einer Alltagsroutine festsitzen, die Ihre kreativen und innovativen Ideen blockiert. Das Business-Coaching hilft Ihnen, sich aus der kreativen Isolierung zu lösen und bringt Mechanismen und Prozesse in Stellung, mit denen

Sie Ihr Geschäft wieder erfolgreich und zielgenau führen können.

Business-Coaching und Sport-Coaching haben viel gemeinsam. Sport-Coachs kennen Sie bestimmt vom Fussball, vom Tennis und aus der Welt des Golfs.

Wie ein Sport-Coach setzt auch ein Business-Coach alles daran, dass Sie Ihr gesamtes Potential und Ihre volle Leistung (wieder) erreichen und entfalten können.

Ein Business-Coach unterstützt Sie, wenn Sie in Ihrem Unternehmen gegen psychologische Hürden anzukämpfen haben. Aufgabe des Business-Coachs ist es dann, zusammen mit Ihnen die Situation zu analysieren und die notwendigen Schritte in die Wege zu leiten, um das oder die Probleme aus der Welt zu schaffen.

Ihr Business-Coach wird der stützende Pfeiler und Ihr Ansprechpartner sein, wenn es um Ihr Geschäft geht. Aber echtes Business-Coaching geht noch einen Schritt weiter und bezieht neben dem Geschäft auch Sie persönlich und Ihr Team mit ein. Warum ist das so?

Die Gesundheit und der Erfolg Ihres

Unternehmens hängen zum grossen Teil auch von Ihrem eigenen mentalen Zustand ab. Darum fokussiert der Business-Coach seine Unterstützung auch auf Ihr Mitarbeiterteam, weil diese die Kräfte sind, die Ihre Visionen und Ziele umsetzen und vollenden.

Kurz gefasst: Business-Coachs helfen Ihnen, Wege und Lösungen zu finden, um Ihre geschäftlichen Ziele zu erreichen.

Somit sind Sie Ihrer Konkurrenz immer einen Schritt voraus. Wäre das nicht wichtig für Sie?

Was sind die Vorteile eines Business-Coachs?

Als Erstes hilft Ihnen ein Business-Coach, Ihren Arbeitsbereich effizienter zu gestalten.

Als Zweites kann ein Business-Coach mit Ihnen zusammen langfristige Strategien entwickeln, die Sie gegen die aggressive Konkurrenz in Ihrer Branche unterstützen.

Als Drittes nimmt ein Businesss-Coach Ihre eigene und die Produktivität Ihres Teams unter die Lupe. Der Business-Coach wird mit Ihnen Tools und Routinen besprechen, mit denen Sie Ihren eigenen und den Output Ihres Teams steigern können.

Neben Effizienzsteigerung, langfristigen Strategien und erhöhter Produktivität gibt es noch weitere Dimensionen, in welchen der Business-Coach Sie beraten kann:

- Wieder auf den Weg bringen: Wenn Sie sich fühlen, wie wenn Sie neben der Spur laufen und sich von Ihren Zielen entfernen, dann kann Ihnen Ihr Coach dabei helfen, wieder auf Kurs in Richtung Erfolg zu kommen;

- Hilfe mit Ihrem Ansatz: Ihr Coach kann Ihnen bei der Feinabstimmung Ihres Unternehmens helfen, soweit Sie dies wollen. Er wird Ihnen helfen, den richten Ansatz zu finden, um Ihre Ergebnisse und Ihre speziellen Ziele zu erreichen.

- Planungshilfe: Wenn Sie gerade beim Durchstarten sind, kann Ihnen ein Coach in der Planungsphase helfen, indem er gemeinsam mit Ihnen folgende Ziele und Massnahmen diskutiert und definiert:
- Was soll investiert werden?
- Mit wem sollen geeignete Kontakte

geschlossen werden?

- Welches ist der richtige Zielmarkt?
- Welche Probleme kann es in Zukunft geben und welche Lösungen und/oder Massnahmen sind dann anzuwenden?

Ist Business-Coaching teuer?

Coaching ist eine Investition, und eine der Grundregeln im Geschäftsleben lautet, dass Sie investieren müssen, um Geld zu verdienen.

Die meisten Unternehmer denken bei Investitionen an den Lohn ihrer Angestellten, an das Materiallager, an die Einrichtung und Ausstattung der Büros mit Computern, Telefon und Internet oder an die ganz allgemeinen Unkosten, die man tätigen muss, um den Betrieb am Laufen zu halten.

Viele Unternehmer neigen leider dazu, Ausgaben, welche der Verbesserung des Geschäftsgangs dienen, als unnötig zu betrachten.

Dazu kommt, dass viele Unternehmer unglücklicherweise auch glauben, dass die Unterstützung durch einen Business-Coach ebenfalls zu den unnötigen Kosten gehört.

Wie viel kostet ein Business-Coach?

Für Unternehmer, welche gerade ihr Geschäft gestartet haben und nur knapp über die Runden kommen oder sich nur mit wenig rentablen Aufträgen herumschlagen, können die Kosten für einen Business-Coach ausser Frage stehen.

Leider wird dabei vergessen, dass ein Business-Coach wichtige Informationen und Tools liefern kann, mit denen ein Unternehmen profitabler wird. Die Investition in einen Business-Coach erlaubt einen umfassenden Einblick in die Geschäftswelt, der nötig ist, um vom Niveau von „gerade mal über die Runden kommen" auf das Niveau von „einen hohen Profit machen" aufzusteigen.

Business-Coachs sind darauf trainiert, Dinge effizienter zu machen, damit Sie mehr Geld verdienen. In Business-Coaching zu investieren, kann ein Risiko sein - es gibt keine Garantie auf Erfolg. Aber es ist zu bedenken, dass Risikobereitschaft ein Merkmal ist, das jeder Unternehmer haben muss, um in der Wirtschaft nicht nur zu überleben, sondern auch um Gewinne zu erwirtschaften.

Warum brauche ich einen Leistungsvergleich (Benchmark)?

Der Leistungsvergleich bezieht sich auf detaillierte Angaben, die Sie benötigen, um Ihr Unternehmen zu leiten. Das schliesst Faktoren wie Produktion, Cash, gewünschte Profitabilität, Arbeitsfluss usw. mit ein.

Auch wenn es sich dabei nicht um den Grundstein Ihres Unternehmens und Ihrer Geschäftsidee handelt, ist dies wichtig, damit Sie Ihre unternehmerischen Ziele erreichen können.

Der Leistungsvergleich ist ein sogenannter "Key Performance Indicator" (KPI - Schlüssel Leistungsindikator). Damit werden die wichtigsten Aspekte des Unternehmens gemessen.

Wenn Sie mit dem Benchmarking noch unsicher sind, dann können Sie das mit Ihrem Business-Coach diskutieren und ggf. den Businessplan und die gesetzten Ziele neu definieren.

Sie benötigen einen Massstab, denn nur so sind der Geschäftserfolg und die Coaching-Ziele messbar. Die Coaching-Ziele sind das Fundament, auf dem Sie zusammen mit Ihrem Busines-Coach arbeiten werden, um etwas zu erreichen.

Zum Vergleich: Sie können auch kein Haus bauen, ohne die Masse der Fundamente und Mauern mit einer Messlatte zu kontrollieren.

Und so ist es auch bei Ihrem Unternehmen. Sie können Ihr Unternehmen nur führen, wenn Sie sich bestimmte messbare Ziele setzen und diese laufend überprüfen.

Wenn Sie Ihre "Messlatte" angelegt haben, dann können Sie effektiv nach Wegen suchen, um diese zu erreichen.

Was ist Online-Business-Coaching?

Online-Business-Coaching bietet Ihnen alle Vorteile des Business-Coachings mit dem Unterschied, dass Sie sich mit Ihrem Coach „nur" online treffen statt persönlich. Diese Art von Coaching bedeutet, dass Ihre Coaching-Sitzungen per Video-Anruf stattfinden.

Eine andere Variante ist das Internet-Business-Coaching. Im Internet finden sich zahlreiche Webseiten, welche Artikel anbieten, durch die Sie die Grundlagen und Tipps und Tricks kennen lernen, die Sie brauchen, um branchenkundig zu werden und in Ihrem Bereich ein erfolgreiches

Geschäft zu führen.
Eine intensivere Art des Internet-Business-Coachings sind Trainingsmodule, zu denen man gegen Bezahlung Zugang bekommt und die dann durchgearbeitet werden können.

Diese Trainingsmodule beinhalten in der Regel Videos, Podcasts, Transscripts und PDF-Files.

Der Vorteil des Internet-Business-Coachings ist, dass Sie die Inhalte jederzeit und an jedem Ort auf Ihrem PC, Mobiltelefon oder Tablet konsumieren können. Was dabei aber etwas zu kurz kommen kann, ist der persönliche Kontakt.

Darum ist eine Kombination von Internet-Business-Coaching und online-Business-Coaching - sprich persönlichen (Video-)Gespräch mit einem Business-Coach - eine gute Variante.
Fazit: Ein Business-Coach kann eine lösungsorientierte Unterstützung bieten und hilft damit, Ziele schneller und kostengünstiger zu erreichen.

Kapitel 5 – Was ist Management-Coaching?

Eine leitende Position zu erreichen, ist das erste Zeichen, das Ihnen zeigt, dass Ihre Karriere voranschreitet und dass Sie dabei sind, eine Top-Position in Ihrem Unternehmen zu erreichen. All jene, die sorgfältig und pflichtbewusst in den tieferen Management-Ebenen gearbeitet haben, sehen in der Ankunft auf der höheren Management-Ebene eine Bestätigung dafür, dass sich die Anstrengung gelohnt hat.

Sie sind nun bereit, Ihre Arbeitskollegen zu führen und grosse Leistungen zu vollbringen. Dafür brauchen Sie wie alle Manager das Wissen, wie Sie mit den Konflikten unter Beschäftigten und den Anforderungen am Arbeitsplatz umgehen sollen. Ausserdem müssen Sie wissen, wie Sie die Leistung Ihres Teams oder Ihrer Abteilung zu bewerten haben. Ganz klar: Es wird erwartet, dass Sie Ihr Team und Ihre Abteilung gut führen.

Fühlen Sie sich nach dem Wechsel in eine Führungsposition teilweise ängstlich über die auf Sie zukommenden Veränderungen, denen Sie nun gegenüber stehen werden?

Entmutigen Sie die Aufgaben eines Managers ein wenig?

Wenn Sie aufgrund dieser Übergangsphase partiell unsicher sind, dann kann ein Management-Coach das Richtige für Sie sein.

Was ist ein Management-Coach?

Zuerst einmal sollte mit dem Vorurteil aufgeräumt werden, dass ein Management-Coach ausschliesslich als Trainer für die Führungsetage arbeitet. Management-Coachs, die auch als Leadership-Coachs bezeichnet werden, arbeiten mit allen Beschäftigten in leitenden Positionen. Ihre Arbeit ist nicht begrenzt auf Menschen in den Chefsesseln wie CEOs, Präsidenten und Vorstände.

Viele Unternehmen beauftragen diese Dienstleister, um Aufsteiger für Leitungspositionen zu schulen. Der Hauptfokus eines Management-Coachs liegt auf den Problemen, denen Jung-Manager gegenüberstehen, wenn sie beginnen, Menschen zu führen und insbesondere solche, mit denen sie lange Zeit auf derselben Ebene zusammen gearbeitet haben.

Management-Coachs sind bereit zu helfen, damit Sie den Anforderungen und Aufgaben gerecht werden, die an Sie gestellt werden.

Es gibt Menschen, die zur Führungskraft geboren sind. Aber wenn Sie das Gefühl haben, dass Ihre Führungsqualitäten noch nicht ausreichen oder noch nicht ausgereift genug sind, dann kann Ihnen ein Management-Coach helfen, ein grossartiger Chef zu werden. Management-Coachs sind ebenfalls bemüht, Ihnen dabei zu helfen, dass Sie Ihr ganzes Potential einsetzen und ein Top-Gehalt verdienen.

Warum nutzt eine clevere Führungskraft Coaching?

Nicht nur Grossfirmen beschäftigen Management-Coachs. Auch kleinere und mittlere Unternehmen haben damit begonnen, Management-Coachs einzustellen oder ihre eigenen Coachs auszubilden. Diese Management-Coachs haben besondere Fähigkeiten, wenn es darum geht, Managementprobleme zu lösen.

Das kann den Umgang im zwischenmenschlichen Bereich betreffen wie auch die Festigung als effizientes Arbeitsteam. Diese Coachs stellen sicher, dass die Leitungsebene fähig ist, mit den Herausforderungen und ggf. Frustrationen umzugehen, denen Sie als Vorgesetzter Ihres

Teams begegnen.

Warum also einen Management-Coach beschäftigen?

Wenn Sie einen Management-Coach einstellen, bedeutet das nicht, dass Sie nicht gut genug für Ihren Job oder nicht intelligent genug für Ihre Position sind.

Hier sollte erwähnt werden, dass sich nicht jeder seiner (versteckten) Stärken und Schwächen bewusst ist. Das bedeutet, dass Sie Ihre bestehenden Grenzen sprengen und Ihr ganzes Potential nutzen können, wenn Sie herausfinden, welche Ihrer Fähigkeiten noch nicht aktiviert sind und diese aktivieren können.

Was könnten diese verborgenen Fähigkeiten sein?

Vielleicht wissen Sie nicht, dass Sie ein verborgenes Talent haben, um ausgezeichnete Mitarbeiter zu finden oder dass Sie sehr gut mit Leuten umgehen können, die als penibel oder streitsüchtig gelten.

Wenn Sie herausfinden, welches Ihre Schwächen sind und diese „ausbügeln", dann können Sie effektiver arbeiten und Kraft sparen, die Sie an anderen Orten gewinnbringend einsetzen können.

Kann mir Coaching wirklich bei meiner Karriere helfen?

Wie schon erwähnt: Management-Coachs kümmern sich darum, Ihre verborgenen Talente an die Oberfläche zu bringen und bereiten Sie darauf vor, Ihr volles Potential auszuschöpfen. Deshalb kann Coaching Ihnen wirklich helfen, einen grossen Schritt auf der Karriereleiter zu machen.

Zuerst einmal gehen Management-Coachs davon aus, dass sie Ihr Selbstbewusstsein stärken müssen, um besser zu werden. Eine Führungskraft muss sich über den eigenen Selbstwert im Klaren sein, und sie müssen sicherstellen, dass die Fähigkeiten in den folgenden vier Bereichen ausgereift und maximiert werden:

- Kommunikation
- Konflikt-Management
- zwischenmenschliche Beziehungen
- Überzeugungskraft

Wenn Sie einen Managerposten haben, dann sind diese vier Bereiche entscheidend, um ein Teamgefühl und eine bessere Leistungsbilanz am Arbeitsplatz zu entwickeln. Viele Führungskräfte messen diesen vier Bereichen einen zu geringen Stellenwert zu. Sie versuchen eher, ihren IQ zu verbessern sowie ihre sozialen Kontakte und andere Dinge zu pflegen.

Dabei übersehen sie aber, dass ihre Fähigkeiten und ihre Kompetenz in diesen vier Bereichen viel wesentlicher sind, um das Beste aus ihrem Team herauszuholen.

Ein Team, das Nöte und Kritik richtig kommunizieren kann, findet immer einen Weg, um diese Nöte und Kritik mit minimalen Kollisionen zu artikulieren und zu regeln. Hinzu kommt, dass ein charismatischer Chef wohl etwas vom Wichtigsten ist, was sich eine Firma wünschen kann.

Neben der Entwicklung der Kompetenz in den vier genannten Bereichen können Management-Coachs sehr effektiv dabei helfen, negatives Gedankengut zu neutralisieren, die in die höheren Etagen eines Unternehmens eindringen können. Manch einer kann unter den psychologischen Folgen leiden, wenn er Mythen und Vorurteilen folgt, die über die Unternehmensführung oder eine Führungsposition bestehen.

Brauche ich Hilfe, um ein grossartiger Manager zu werden?

Manche Menschen glauben, dass man zum grossen Führer geboren ist und diese Fähigkeit nicht erlernen kann. Ja, solche geborene Führer gibt es.
Doch es gibt ebenso Menschen, die mit bescheidenen Führungsqualitäten begonnen haben, um anschliessend Stufe um Stufe auf die höchste Karrierestufe zu klettern und sich dabei zu einem der besten Manager entwickelten.

So wie es unter den Führungskräften Naturtalente gibt, gibt es auch Personen, die zur Führungskraft werden können, wenn sie es wirklich wollen.

Eine der Eigenschaften, um eine gute Führungskraft zu werden, ist die Fähigkeit, sich selbst „in die Rolle" anderer Leute zu versetzen.

Ein Management-Coach hilft Ihnen dabei, die Fähigkeit zu mehr Einfühlungsvermögen für Ihr Team zu entwickeln. Es gibt Studien, die zeigen, dass das Einfühlungsvermögen in andere Menschen sinkt, je mehr Macht eine Person über andere Personen hat.

Es ist nicht ungewöhnlich, Manager zu finden, die

sich nicht darum sorgen, wie sich ihre Angestellten fühlen. Um eine effiziente Führungskraft zu werden, müssen Sie das Gleichgewicht zwischen Autorität und Einfühlungsvermögen innerhalb Ihres Teams kennen, und hier kann Ihnen ein Management-Coach helfen.

Eine andere Fähigkeit einer guten Leitungskraft ist es, stark zu sein, nicht physisch sondern mental. Ein Manager sollte flexibel, zäh und aufgeschlossen sein. Die Verantwortung, ein Manager zu sein, macht diesen anfällig für Stress, weil er unvermeidlich und direkt im Kreuzfeuer stehen kann.
Es gibt verschiedene Probleme, zu denen Sie keine direkte Verbindung haben und die Sie somit nicht voraussehen können. Managern, die damit hadern, kann ein Management-Coach helfen, eine innere Sicherheit zu finden. Parallel dazu ist es möglich, dass dieser einen gangbaren Plan entwickelt, dem Sie dann folgen, bis die Probleme gelöst sind.

Ein effektiver Manager kann zur selben Zeit Standfestigkeit und Einfühlungsvermögen zeigen.

Brauche ich einen messbaren Aktionsplan?

Management-Coachs ähneln Sport-Coachs. Beide benötigen einen Aktionsplan, damit sie ein bestimmtes Ziel erreichen. Aktionspläne sind etwas, denen Sie folgen, um die kleinen Ziele und das ultimative grosse Endziel zu erreichen. Berücksichtigen Sie dabei, dass die Aktionspläne gemacht wurden, damit Sie besser werden. So kann der Coach Bereiche, die verbessert werden müssen, von den Bereichen, welche nicht verändert werden müssen, besser unterscheiden.

Die Vorgaben hierfür sind realistisch, damit mit dem Aktionsplan sofort gestartet werden kann und sie auch erreicht werden können. Ihr Management-Coach wird Ihren Fortschritt von Zeit zu Zeit bewerten. Diese Aktionspläne stellen sicher, dass Sie und Ihre Organisation die gestellten Anforderungen erfüllen und die gesetzten Ziele erreicht werden können.

Brauche ich einen bestimmten Zeitplan?

Ein bestimmter Zeitplan ist erforderlich, damit Sie Ihre Ziele innerhalb eines effektiven Zeitrahmens erreichen. Der Aktionsplan wird nicht funktionieren, wenn es kein Zeitlimit gibt. Nach Erfüllung des (ersten) Aktionsplans können Sie mit dem nächsten Aktionsplan starten.

Ein bestimmter Zeitplan sollte eingehalten werden, weil er weniger Zeit für Fehler lässt, da Sie gezwungen sind, den Aktionsplan durchzuführen. Üblicherweise dauert ein terminierter Aktionsplan zwischen sechs und zwölf Monaten, abhängig von den geplanten Veränderungen und dem Ziel, das erreicht werden soll.

Auf alle Fälle sind die Ziele und die Fähigkeiten aller beteiligten Personen, die sich den Veränderungen anzupassen haben, sehr unterschiedlich. Dadurch unterscheiden sich die Aktionspläne zum Teil sehr stark voneinander.

Ein Management-Coach wird Ihnen helfen, Ihre Talente frei zu legen, besser mit Menschen umzugehen, eine gute Führungskraft zu werden und andere spezifische Ziele zu erreichen, die Sie sich setzen. Ein guter Coach wird zudem sicherstellen, dass Sie diese Ziele in einem bestimmten Zeitrahmen auch erreichen.

Kapitel 6 - Was ist ein Life-Coach?

Brauche ich einen Life-Coach? Haben Sie sich diese Frage schon einmal gestellt? Vermutlich nicht in dieser Form, denn Coaching wird meistens mit Sport in Zusammenhang gebracht. Selten wird Coaching in Verbindung mit Familie oder unserem Privatleben gebracht. Life-Coaching oder Lebenshilfe kann aber unser persönliches Leben auf eine neue Qualitätsstufe heben.

Was sind die Zeichen, dass Sie einen Life-Coach konsultieren sollten?

Macht Sie zum Beispiel die endlose Routine immer müder, und wird der Start in den neuen Tag immer zäher? Dann ist es empfehlenswert, sich mit einem Life-Coach in Verbindung zu setzen, um für eine bessere Lebensqualität zu sorgen.

Ein Life-Coach wird Ihnen helfen, Ihr Interesse und Ihren Nervenkitzel für Neues aufrecht zu erhalten und Sie dabei unterstützen, sich selbst - mit allen Stärken und Schwächen - wahrzunehmen und auch einen objektiven Blick darauf werfen, was Sie schon alles in Ihrem Leben erreicht haben.

Neugierig geworden? Dann lesen Sie weiter, um mehr über das Life-Coaching zu erfahren und herauszufinden, ob Sie Lust verspüren, eine Lebensberatung einmal auszuprobieren.

Brauche ich einen Life-Coach?

Anders als Sporttrainer, die in der Regel das Spiel lenken, sind Life-Coachs nicht da, um Ihr Leben zu steuern. Ein Life-Coach wird Ihnen niemals direkte Anweisungen geben, was Sie zu tun haben oder lassen sollten. Life-Coachs sind ganz einfach Guides, welche Ihnen helfen, neue Möglichkeiten aufzudecken und auszuprobieren, um Ihr Leben zu verändern.

Hier einige Punkte, mit denen Sie herausfinden können, ob Sie einen Life-Coach hinzuziehen möchten.

- Haben Sie das Gefühl, in einer Routine festzustecken? Manche Leute lieben die Sicherheit einer Routine, aber sie kommen irgendwann an einen Punkt, wo ihr „Innerstes" zu rebellieren beginnt. Zuerst ist es nur ganz leise, doch im Laufe der Zeit wehren sie sich immer stärker gegen die Alltagsroutine.

    Im schlimmsten Fall kann es in eine

Krankheit führen, um so einen Wechsel herbeizuführen. Soweit muss es aber nicht kommen. Ein Life-Coach kann Ihnen helfen, mit einer Reihe von kleineren oder grösseren „Korrekturen" das Positive an Ihrer Alltagsroutine zu sehen und gleichzeitig auch in Frage zu stellen. Ein Life-Coach begleitet Sie während des Veränderungsprozesses, um Ihr gesamtes Potential neu zu erkennen.

Mit diesen Verbesserungen können Sie Ihr Potential maximieren und Ihrem Leben einen neuen Schub und mehr Freude und Qualität verleihen.

- Fühlen Sie sich verloren? Haben Sie das Gefühl, ziellos durch das Leben zu taumeln? Sie stecken in einer Sackgasse und wissen nicht recht, was Sie aus Ihrem Leben machen sollen? Ein Life-Coach hilft Ihnen, dass Sie Ihr Leben wieder schätzen lernen, einen Sinn entdecken und Visionen für Ihre Zukunft entwickeln.

- Sagt Ihnen eine innere Stimme: „Ich bin irgendwie zu bequem und zu faul geworden?" Komfort ist eine angenehme Sache. Aber ist es nicht so, dass Sie erst ausserhalb Ihrer Komfortzone die in Ihnen schlummernden grossen Qualitäten erkennen und entfalten können?

Life-Coachs können Ihnen helfen zu erforschen, was da „draussen" auf Sie wartet und ob es etwas Unentdecktes gibt, welches Ihr Interesse wecken wird.

- Fühlen Sie sich glücklich und zufrieden? Das ist ein erstrebenswerter Zustand. Da gibt es nicht viel zu verbessern, ausser wenn Sie das Gefühl haben, dass Sie im Grunde noch bedeutend mehr Potential haben. Ein Leben voller Glück kann langweilig werden, wenn es noch etwas gibt, was Sie ausprobieren und erleben möchten. Manchmal ist es eher eine komfortable Art, unglücklich zu sein, die wir bevorzugen, weil wir noch nicht genügend Mut für die neuen Herausforderungen aufbringen, mit denen wir die Vielfalt des Lebens entdecken könnten.

Life-Coachs werden Ihnen helfen, kleinere oder grössere Herausforderungen anzugehen und sie zu meistern. So können Sie der Gefahr entgehen, sich nur einzureden, glücklich zu sein aus Scheu, Ihr wahres Glück zu entdecken.

Was sind die verschiedenen Typen von Life-Coachs?

Life-Coachs haben unterschiedliche Spezialisierungen. Um den richtigen Life-Coach für Ihre Bedürfnisse auszuwählen, müssen Sie zunächst ermitteln, was Sie im Leben wirklich wollen?

Allerdings können Sie, um diese bedeutende Frage zu klären, bereits einen Life-Coach konsultieren, der Ihnen bei der Beantwortung Ihrer Frage hilfreich zur Seite steht. In der Mehrheit handelt es sich jedoch um Lebensbereiche wie Beziehungen oder Situationen, in denen man fest steckt, die einen unglücklich machen und für die man Rat und Hilfe bei einem Lebensberater sucht.

- **"Lebensberater"**
  Diese Life-Coachs kennen das Leben und haben selbst viele Dinge ausprobiert und getestet. Dadurch sind sie in der Lage zu helfen, das Beste in Ihnen zu entdecken und holprige Lebensabschnitte zu meistern.

- **Karriere- und Finanz-Coachs**
  Karriere- und Finanz-Coachs helfen, Optionen zu finden, wie Sie am Arbeitsplatz mehr leisten und mehr verdienen können. Sie helfen Ihnen auch dabei, Ihre wahren

Interessen und Fähigkeiten zu entdecken, die Sie beruflich nutzen können, um erfolgreich zu werden und Karriere zu machen. Wenn Sie während längerer Zeit im Berufsleben nicht mehr aktiv waren, wird ein Karriere- und Finanz-Coach Ihnen beim Wiedereinstieg helfen. Karriere -und Finanz-Coachs helfen Ihnen auch, Situationen und Möglichkeiten auszutesten, wenn es um Ihre Karriere und Ihre Finanzen geht.

- **Beziehungs- und Familien-Coachs**
  Obwohl wir uns alle Beziehungen ohne Konflikte wünschen, ist das eher ein Einzelfall. Beziehungs- und Familien-Coachs unterstützen Sie dabei, mit den Gegensätzen in Ihrer Beziehung umzugehen und Lösungen für Konflikte zu finden, die auch Ihre Ehe gefährden könnten. Life-Coachs bieten Ihnen Möglichkeiten herauszufinden, wie Sie wieder mehr Nähe zu Ihrem Partner aufbauen können. Beziehungs- und Familien-Coachs können auch bei der Umsetzung eines bevorzugten Erziehungsstil helfen, den Sie sich als Familie zum Ziel gesetzt haben.

- **Gesundheit- und Fitness-Coachs**
  Diese Spezialisten helfen Ihnen, den für Sie

besten Lebensstil zu finden und Sie bei dessen Verwirklichung zu unterstützen. Wenn Sie auf der Suche nach einer gesunden Lebensweise sind, um einen Gegenpol zu häufigen Stresssituationen zu finden, dann sollten Sie sich auf die Suche nach einem guten Coach machen.

Wie finde ich einen Life-Coach?

Einen Life-Coach zu finden, ist eine einfache Aufgabe. Doch Sie müssen einen Life-Coach finden, der zu Ihnen passt und dem Sie vertrauen. Deshalb ist ein Vorstellungsgespräch sehr wichtig, in dem Sie feststellen, ob die „Chemie" zwischen ihnen stimmt und ob die angewandten Methoden und Strategien Ihnen zusagen.

Hier finden Sie einen Life-Coach

- **Coaching-Verzeichnisse im Internet**
  Verbände und Coaching-Ausbilder führen Verzeichnisse von Coachs. Über die Webseiten der Verbände und Coaching-Ausbilder können Sie sich bereits im Vorfeld über die Arbeitsmethode und die entsprechenden Richtungen orientieren. So ist es Ihnen möglich, Ihren Bedürfnissen und Präferenzen entsprechend eine Vorselektion zu treffen. Dieses Vorgehen spart eine

Menge Zeit und Geld, denn Sie müssen nicht zuerst mit einem Coach arbeiten, um herauszufinden, dass Sie nicht zueinander passen.

- **Empfehlungen**
Fragen Sie in Ihrem Freundes- und Familienkreis, ob diese einen Life-Coach oder Coach kennen und empfehlen können. Empfehlungen von vertrauenswürdigen Quellen machen es einem einfacher, den passenden Coach zu finden. Nachteilig ist dieses Empfehlungssystem, wenn niemand erfahren soll, dass Sie sich coachen lassen möchten.
- **Webseiten der Coachs**
Im Internet-Zeitalter haben die meisten Coachs eine Internetpräsenz. Auf der Webseite haben die Coachs die Möglichkeit, ihre Dienstleistungen und Methoden zu präsentieren. Je besser die angebotenen Informationen in Form von Artikeln und Videos sind, umso einfacher ist es für Sie, einen Eindruck des Coachs zu bekommen und eine Vorentscheidung zu treffen.

Liefert Life-Coaching Resultate?

Der Schwerpunkt der Lebensberatung liegt in der Verbesserung Ihres Lebens, und Ihr Life-Coach wird Ihnen helfen, alle möglichen Optionen zu erschliessen, mit denen Sie Ihre Träume, Freiheiten und Ziele verwirklichen können.

Life-Coaching liefert Ergebnisse, wenn Sie einen Coach finden, mit dem Sie gut zusammenarbeiten können und der sich wirklich um Sie kümmert und auf Ihre Bedürfnisse eingeht. Allerdings haben Sie Ihren Teil dazu beizutragen!

Kapitel 7 - Was ist Atem-Coaching?

Wozu soll Atem-Coaching gut sein? Die Atmung geschieht doch automatisch? Ja, das stimmt. Nur: Wenn Sie Ihre volle geistige Kraft und Leistungsfähigkeit nutzen wollen, dann finden Sie hier einige Punkte, welche Sie vermutlich etwas nachdenklich werden lassen.

Was ist der Zweck der Atmung?

Zuerst einmal ein wichtiger Faktor: Über die Atmung werden circa 70 Prozent der Schlackenstoffe aus dem Körper abtransportiert. Was passiert, wenn die Schlackenstoffe nicht aus dem Körper abtransportiert werden? Dann entsteht eine Müllhalde, die immer grösser, fauler und stinkender wird.

Würden Sie inmitten einer stinkigen und faulenden Müllhalde wohnen wollen? Oder können Sie sich vorstellen, in einer Umgebung zu arbeiten, die stinkt und fault? Vermutlich nicht! Oder?

Was bewirkt die Atmung?

- sie versorgt den Körper mit Sauerstoff;
- sie hilft beim Stressabbau;
- sie stärkt die körpereigenen Selbstheilungskräfte;
- sie regt den Stoffwechsel an.

Wenn man diese vier Punkte zusammen nimmt, dann ist es offensichtlich und verständlich, dass die richtige Atmung entscheidend ist für Gesundheit und Leistungsfähigkeit. Normalerweise werden nur circa 30 Prozent der Atemkapazität genutzt. Die Folge ist, dass damit nur ein Teil der Vitalkraft genutzt wird. Eigentlich zu wenig, nicht wahr?

Was sind die Folgen einer schlechten und nur oberflächlichen Atmung?

Die Zellen in Ihrem Körper, welche nicht genügend Sauerstoff erhalten, sind bedeutend anfälliger für Krankheiten wie zum Beispiel Krebs. Das Gleiche gilt für Ihre Hirnzellen. Sauerstoffmangel führt zu einer verminderten Leistung Ihres Denkapparates. Jede Körperfunktion ist auf eine ausreichende

Versorgung mit Sauerstoff angewiesen.

Doch das ist nicht alles. Die Atmung fördert ausserdem Ihre Blutzirkulation. Ihr Blutkreislauf und die Atmung sind so fest miteinander verbunden, dass ein Leben ohne diese Zusammenarbeit nicht möglich wäre.

In der Medizin spricht man vom Herz-/Lungenkreislauf. Herzkreislauf und Lungenkreislauf sind an und für sich zwei eigenständige Mechanismen. Wenn aber einer der beiden Kreisläufe nicht funktioniert, ist ein Leben nicht möglich. Dazu kommt, dass die Atmung Ihre inneren Organe massiert.

Was nützt Atem-Coaching?

Pro Tag atmen Sie circa 25'000 Mal unbewusst ein und aus. Wenn Sie flach und kraftlos atmen, dann wird Ihr Leben dementsprechend verlaufen. Mit dem Atmen verbinden Sie die Wahrnehmung des Körpers, die Lebendigkeit und die Lebenskraft.

Kennen Sie diesen Mechanismus? Sie halten vor Spannung, Stress oder Angst die Atmung an? Wenn Ihre Atmung in solchen Situationen im Fluss bleibt, dann werden Sie diese Situationen viel einfacher meistern.

Hier ein kleiner und nützlicher Tipp: Wenn Sie zornig sind oder Angst haben, dann einige Male tief durchatmen. Und schon hat sich die Situation entschärft.

Mit Atem-Coaching können Sie lernen, in solchen Situationen gelassen und im Fluss zu bleiben.

Mit dem Atem-Coaching wird so aus dem unbewussten Atmen ein bewusstes Atmen!

Die verschiedenen Atemtechniken werden gezielt auf das Unterbewusstsein ausgerichtet. Dass man den seelischen und gesundheitlichen Zustand seines Gegenübers an der Atmung erkennen kann, das haben Sie vermutlich auch schon mehrmals bemerkt.

Wie kann ein Atem-Coaching-Prozess ablaufen?

Schritt 1

Entwicklung des Atem-Bewusstseins

Der erste Schritt des Atem-Coachings besteht darin, Atem und sensorische Wahrnehmung zu entwickeln. Das bedeutet, dass Sie neu erlernen, Ihren Atem zu beobachten und ihn in Ihrem

Körper zu spüren.

Mit dem Erkennen Ihrer Atemsensorik entwickeln Sie ein wachsendes Bewusstsein für Ihre Atemgewohnheiten. Dabei erfahren Sie, wie Sie bei Stress oder im entspannten Zustand atmen. Diese Sammlung von Gewohnheiten und Spannungen ist Ihre „Atemsignatur".

Schritt 2

Entwerfen eines Atem-Programms

Während der Coaching-Sessions erforschen und experimentieren Sie verschiedene Wege, um Ihre Atmung zu optimieren. Das können Haltungsfehler sein, Atempausen, verschiedene Atemtechniken wie Pranayama, Qigong oder Yoga.

Schritt 3

Follow-Up - Nachbeobachtung

Die Umsetzung und Fragen werden in einem Follow-Up periodisch behandelt.

Fazit: Sobald Sie ein Bewusstsein für Ihre Atmungssignatur entwickelt haben und einige bewusste Atemtechniken gelernt haben, sind Sie in der Lage, über mehr Energie und Selbstvertrauen zu verfügen.

Sie können die Atemtechniken bewusst zur Leistungssteigerung, für Ausdauertraining, Stimmbildung, Stimmungs-Management oder für Ihr Gesundheits-Management nutzen.

Atem-Coaching stärkt Ihre Gesundheit, Ihre Leistungsfähigkeit und Ihre Lebensfreude.

Kapitel 8 - Was ist Holistic-Coaching?

Für den Begriff Holistic-Coaching gibt es viele Deutungen. Die einfachste und treffendste Übersetzung ist wohl „Ganzheitliches Coaching".

Das Wort *holistisch* kommt aus dem Griechischen und bedeutet *ganzheitlich, das Ganze betreffend*.

Das bedeutet, dass in einem ganzheitlichen Coaching alle Themen und Faktoren wie Arbeitsplatz, Gesundheit, Familie, Finanzen, Sport, Hobbies, gesellschaftliches Umfeld, spirituelles Umfeld, Freunde etc. Platz haben.

Ganzheitliches Coaching kann Ihnen helfen, bewusst zu werden, was Sie wirklich antreibt oder was Sie zurückhält. Dazu gehören Gedanken, Verhaltensweisen, Gewohnheiten, alle Formen von „müsste" oder „sollte" und von sozialen Zwängen. Die daraus folgenden, meist unbewussten Handlungen haben einen Einfluss auf unsere Gesundheit, unsere Arbeit und unsere Beziehungen.

Damit Sie sich eine Vorstellung machen können, was ganzheitlich bedeutet und was Sie beim Suchen und Auswählen eines holistisch-tätigen Coachs beachten sollten, finden Sie im Folgenden die wichtigsten neun Aspekte des ganzheitlichen „Universums".

Welches sind die Faktoren, die das „Ganze" ausmachen?

Innere Faktoren

Die inneren Faktoren umfassen Ideen, Werte, Gedanken, Überzeugungen, Paradigmen, Stile und Gewohnheiten - auch die, die von Generation zu Generation weitergegeben werden. Zu den inneren Faktoren gehören auch Informationen und Wissen aus Büchern, Zeitschriften, Fernsehen, Radio und selbstverständlich das Internet bzw. die einzelnen Webseiten.

Körperliche Faktoren

Die körperlichen Faktoren umfassen Körper, Gesundheit und Energie. Diese körperlichen Faktoren hängen zusammen und berühren die Umgebung, zu der auch folgende Personen gehören: Ärzte, Pflegeberater, Masseure, Friseure, Physiotherapeuten, Ernährungsberater, Personal-Trainer und andere Profis, die Ihre Gesundheit und Ihr Wohlbefinden unterstützen.

Psychische Faktoren

Die psychischen Faktoren umfassen Ihre Stärken, Talente, Persönlichkeit, Gefühle, Emotionen, Werte, Leidenschaften und Fähigkeiten. Dieser Ich-Bereich umfasst die immateriellen Aspekte unseres Wesens.

Umwelt-Faktoren

Die Umwelt-Faktoren beinhalten die gesamte Natur mit ihren Jahreszeiten, Gewässer, Tiere, Pflanzen, alle Abschnitte des Lebens sowie uns Menschen als Teil der Natur, sodass der Zugang zu diesem Umfeld entscheidend für unser Überleben und Wohlbefinden ist.

Spirituelle Faktoren

Die spirituellen Faktoren umfassen unsere Verbindungen zu einer höheren Macht, zu Gott oder zu einer universellen Energie sowie die unsichtbare Verbindung, die wir zu anderen Menschen und zum Universum haben oder fühlen. Dies beinhaltet Methoden und Techniken wie Meditation und Gebete und die Verbindung zu den spirituellen Aspekten des Lebens.

Beziehungs-Faktoren

Die Beziehungsfaktoren umfassen die Menschen in unserem Leben, die uns am nächsten stehen und zu denen wir eine enge Verbindung haben. Dazu gehören Familie, enge Freunde, Kollegen, und Nachbarn, mit denen wir unser Leben und unseren Alltag teilen sowie ggf. Coachs, die vorübergehend Teil unseres Lebens werden können.

Netzwerk-Faktoren

Netzwerk-Faktoren sind die erweiterten Beziehungs-Faktoren. Die Netzwerkumgebung umfasst Geschäftspartner, Vereine, die (Wohn-)Gemeinde, Organisationen und Selbsthilfegruppen. Das Ziel der Netzwerkumgebung ist in der Regel ein Austausch von Informationen und Verbindungen für das persönliche und geschäftliche Leben.

Finanzielle Faktoren

Die finanziellen Faktoren umfassen Geld, Kapitalanlagen, Versicherungen, Aktien und Anleihen. Dazu gehören auch Bankberater, Vermögensverwalter und Steuerberater: Welches sind die finanziellen Rahmenbedingungen und welche Beziehung zu Geld haben wir?

Die physische Umgebung

Die physische Umgebung umfasst die fassbaren Aspekte unseres Lebens wie zum Beispiel Haus, Wohnung, Büro, Auto, Möbel, Kunstwerke, Computer und Smartphones. Die physische Umgebung gibt visuelle Hinweise darauf, was in unserem Leben läuft bzw. nicht läuft. Gerümpel und defekte Geräte können zum Beispiel einen Hinweis darauf geben, dass etwas nicht im Lot ist.

Diese Dinge muss ein holistisch arbeitender Coach in sein Coaching-Konzept mit einbeziehen.

Warum ganzheitliches Coaching?

Ganzheitliches Coaching kann Ihnen helfen, bewusst zu werden, was Sie wirklich antreibt oder was Sie zurückhält. Dazu gehören Gedanken, Verhaltensweisen, Gewohnheiten, alle Formen von „müsste" und „sollte" und von sozialen Zwängen.

Die daraus folgenden, meist unbewussten Handlungen haben einen Einfluss auf unsere Gesundheit, Arbeit und Beziehungen.

Kapitel 9 - Was ist Natur-Coaching?

Natur-Coaching wird auch als Outdoor-Coaching bezeichnet und hat einen festen Platz im Coaching-Business gefunden. Was macht das Outdoor-Coaching so speziell?

In der Natur bewegen Sie sich ausserhalb Ihres gewohnten Umfelds. Ohne grossen Aufwand befinden Sie sich in einer anderen Umgebung. Sie betreten eine neue Umgebung, setzen den Fuss in ein vielleicht neues Territorium, überwinden Strecken und Hindernisse und entdecken neue Horizonte.

Draussen zu sein und die Natur zu geniessen, macht Sie offen für neue Erfahrungen, Ideen und Initiativen. Mit der Outdoor-Aktivität können neue Dinge ins Rollen kommen und/oder alte Blockaden zerschlagen werden.

Auf jedem Spaziergang in der Natur erhält man weit mehr, als man sucht. Die Forschung zeigt, dass die Natur restaurativ, stärkend und erholsam wirkt.

Auch kleine Begegnungen mit der natürlichen Umwelt können die Lebensqualität verbessern.

Die vielen Erfolge des Coachings im Aussenbereich zur Stress- und Angstreduktion, zur Hebung des Selbstwertgefühls und zur Steigerung von Motivation, Inspiration und Konzentration belegen die Wirksamkeit des Outdoor-Coachings. Coachees erleben Outdoor-Sessions als extrem offen, beruhigend und sehr kreativ.

Wenn Sie laufen und sich bewegen, dann sind das Vorwärtsschritte. Da ist es doch ein Leichtes, diese Schritte mit den Schritten für die Zukunftsplanung und künftige Ziele zu verbinden?

Also hinaus gehen und es der Natur überlassen, das Beste in sich zu entdecken!

Was macht das Outdoor-Coaching so speziell?

Sind Sie sich dessen eigentlich bewusst, dass Sie sich vermutlich meistens in Innenräumen aufhalten? Im Durchschnitt sind es 9,3 Stunden pro Tag - das ist mehr als Sie schlafen, was Sie ebenfalls in einem Innenraum „tun".

Warum haben wir uns und unseren Alltag mehr und mehr von der Natur entfernt? Haben wir genug Ruhe und Kreativität in den Räumen, in denen wir die meiste Zeit verbringen?

Interessanterweise scheint es kaum eine

Diskussion darüber zu geben, welches die beste und anregendste natürliche Umgebung wäre, um zu leben, zu arbeiten, uns zu erholen und uns ggf. coachen zu lassen.

Wie schon erwähnt: Viele Studien belegen die wiederherstellenden Kräfte der natürlichen Umgebung. Ein Resultat einer dieser Studien ist zum Beispiel, dass das Grün in der Nachbarschaft einen starken positiven Zusammenhang mit wahrgenommener psychischer Gesundheit hat.

Ausserdem verbessert das Bewegen in der Natur (auch wenn es nur 30 Minuten pro Tag sind) unsere Aufmerksamkeit. Es ist offensichtlich: Die Natur schafft die Voraussetzungen für schärfere Sinne, die Natur hilft uns zu entspannen und macht uns Menschen offener für Reflexionen.

Wenn ich Ihnen nun zwei Möglichkeiten gebe:

- ein Coaching im grünen Wald oder am sonnigen Strand oder
- ein Coaching in einem geschlossenen Raum am Tisch

Welche Version spricht Sie mehr an?

In der Natur werden Sie sich buchstäblich und

bildlich ausserhalb der eigenen Welt und Bahnen bewegen, weg von Ihren normalen Umgebungen, die teilweise Ihre Probleme verursachen können.

Dies erhöht die Fähigkeit, neue Lösungen zu finden, neue Perspektiven zu entdecken und sich für neue Ideen zu öffnen. Kreativität und Problemlösungskompetenzen vergrössern sich, wenn Sie in Bewegung sind.

Laufen in der Natur hilft Ihnen auch, den Geist zu beruhigen und eine oder zwei Stufen zurück zu schalten und das Tempo zu verlangsamen.

Draussen haben Sie die Möglichkeit, tief zu atmen und die Gegenwart zu erleben. Die Natur ist erholsam. Daher werden Sie in der Lage sein, besser auf Ihre innere Stimme zu hören und alle Antworten auf Ihre Fragen zu finden.

Es ist nicht nur die Umgebung, von der Sie profitieren, es ist auch die Bewegung. Abgesehen davon, dass Sie dabei auch etwas an Gewicht verlieren, bewegen Sie Ihren Körper und regen Sie Ihren Geist an.

Warum bewegte sich Aristoteles mit seinen Schülern? Ihren Namen erhielt seine Schule von dem Ort, an dem der Unterricht stattfand, nämlich

Peripatos für „Wandelhalle“. Oder wie der Philosoph Jean-Jacques Rousseau - frei übersetzt - sagte: "Ich kann nur meditieren, wenn ich gehe. Wenn ich aufhöre zu gehen, hört mein Geist auf zu denken, mein Geist funktioniert nur mit meinen Beinen.“

Was wird beim Outdoor-Coaching gemacht?

Coaching in der Natur ist mehr als nur ein Spaziergang in der Natur während eines Gesprächs. Outdoor-Sitzungen können Entspannung und Natur-bezogene Übungen integrieren. Es können auch Spaziergänge in der Stille sein, und vielfach ergibt sich die Verwendung von Naturmetaphern, welche Teile des Lebens repräsentieren.

Arbeiten mit Natur-Symbolen und Natur-Metaphern wird Ihren Bewusstseinsprozess vertiefen.

Die Natur bietet unendlich viele Möglichkeiten, mit Metaphern und Symbolen zu arbeiten.

Dies wird in der Regel dazu führen, leistungsstarke Durchbrüche in Ihrem Prozess zu erreichen.
Ein Symbol oder eine Metapher gibt Ihnen die

Möglichkeit, das Thema für einen Moment ausserhalb des Kopfes zu platzieren. Auf diese Weise können Sie das Thema von ausserhalb betrachten.

Das bringt Sie in der Regel viel näher an Ihre Gefühle und führt automatisch zu neuen Einsichten. Das Arbeiten mit Symbolen wird Ihre Bewusstseinsprozesse vertiefen. Sie werden auch feststellen, dass die Entscheidungen und Handlungen, die Sie körperlich so erlebt haben, am Ende real und dauerhaft sein werden.

Kapitel 10 - Was ist Coaching für Leadership und Führungskräfte?

Vielleicht stellen Sie sich die Frage: Warum Coaching für Leadership und Führungskräfte? Sie haben bestimmt auch schon festgestellt, dass sich die Welt sehr schnell verändert und dass es nicht mehr reicht, sich auf die Mitarbeiter zu verlassen, dass diese tun, was ihnen gesagt wird.

Manchmal ist schlicht keine Zeit vorhanden, und es ist niemand da, der sagt, was zu tun ist. In der heutigen Zeit können sehr schnell Situationen entstehen, die es noch nie gegeben hat. In solchen Situationen fehlen oft Prozesse, und es braucht schnelle Entscheidungen, um die Dinge in Fluss zu halten.

Darum braucht es Führungskräfte, die ihre Mitarbeiter befähigen und ihnen erlauben, ihre eigenen "intelligenten" Entscheidungen zu treffen. Zu den Management-Fähigkeiten von Führungskräften gehören auch Coaching, Mentoring und Delegieren.

Führung beinhaltet die Festlegung der Vision, Mission und Werte einer Organisation. Führung ist sowohl Kultur wie auch Inspiration.

Leadership-Coaching ist ein Prozess, in welchem eine Führungskraft wie Abteilungsleiter / Teamleiter / Vorstand in seinen Fähigkeiten unterstützt wird, um kurz- und langfristige Ziele zu erreichen.

Das Leadership-Coaching ist in der Regel auf eine Person zugeschnitten und ein 1:1-Coaching, mit einem auf die Geschäftstätigkeit zugeschnittenen Ziel. Leadership-Coaching konzentriert sich in der Regel auf die Verbesserung der Leistung von Führungskräften auf allen Ebenen.

Leadership-Coaching hilft:

- Organisationen zu vergrössern und die Führungsmannschaft zu erweitern;
- Führungskräften ein besseres Selbstmarketing zu vermitteln;
- bei zukünftigen Führungskräften Führungsqualitäten zu verbessern.

Schätzungsweise haben über 60 Prozent der Fortune-500-Vorstandsvorsitzenden ihren eigenen persönlichen Coach. Mit dem Erklimmen der Karriereleiter wird es für viele Führungskräfte immer schwieriger, ein ehrliches und kritisches Feedback zu erhalten.

Leider kann eine vielversprechende Karriere durch blinde Flecken im zwischenmenschlichen Bereich und/oder durch mangelnde Führungskompetenzen schnell zu Ende sein. Dies kann für die betreffende Person verheerend sein und für das Unternehmen extrem teuer werden.

Idealerweise ist Coaching eine partnerschaftliche Beziehung. Anstatt dass der Coach ein „Experte" ist, der dem Coachee Antworten und Lösungen für die entsprechenden Situationen präsentiert, unterstützt der Coach die jeweilige Führungskraft, selbst zu einem Experten zu werden.

Der Kunde ist der Experte in der Organisation, und der Coach hilft dem Kunden, sein Expertenwissen zu verbessern, zu optimieren und anzuwenden.

Der Coach setzt in der Regel eine Vielzahl von Methoden ein:

- Suche nach Verhaltensweisen mittels Datenerhebung aus anonymen Umfragen zum Arbeitsklima, welches einen Einfluss auf das Geschäftsergebnis haben kann;
- Aktives Zuhören: Der Coach löst nicht die Probleme des Kunden, sondern hilft dem

Coachee, die Situationen selbst zu lösen;

- der Coach unterstützt den Coachee, Prioritäten zu setzen, zu antizipieren und mögliche Hindernisse zu überwinden;
- der Coach führt den Coachee aus seiner Komfortzone, um neue Möglichkeiten zu erkunden;
- der Coach nennt Beispiele, die auf eigenen Erfahrungen basieren;
- der Coach unterstützt den Coachee bei der Zielsetzung und der Aktionsplanung;
- der Coach empfiehlt bestimmte Bücher und/oder andere Lernquellen;
- Coach und Coachee treffen sich regelmässig, bei denen die vielfach an den Coachee erteilten Hausaufgaben besprochen werden.

Wie hilft ein Leader-Coach?

Ein Coach wird Ihnen helfen, Ihre gewünschten Ziele zu visualisieren und die Probleme zu identifizieren, welche Ihnen im Weg stehen.

Er wird Ihnen helfen, die Blockaden, durch die Höchstleistungen verhindert werden, zu identifizieren und entwickelt mit Ihnen Strategien zu deren Lösung.

Er wird Ihnen helfen, persönliche und zwischenmenschliche Fähigkeiten zu entwickeln.

Er wird Ihnen helfen, Ihre Stärken und Ihr Selbstbewusstsein zu entwickeln.

Er wird Ihnen helfen zu verstehen, wie andere Menschen Sie wahrnehmen.

Er wird je nach Bedarf Korrekturen bei nicht hilfreichen Verhaltensmerkmalen oder Gedanken anbringen, welche zu Einschränkungen oder Konflikten führen können.

Er wird Ihnen helfen, Ihnen den Weg nach oben zu erleichtern.

Er wird Ihnen helfen, besser mit Stresssituationen umzugehen, und er wird Sie lehren, Feedback von anderen zu empfangen und zu bewerten.

Kapitel 11 - Was ist ein Medien-Coach?

Wohin wenden Sie sich, wenn Sie nach News suchen oder sich über ein Produkt informieren wollen? Sie wenden sich den Medien zu. Es ist der einfachste Weg, um Informationen und Fakten über ein Produkt oder über die Dienstleistung einer Person zu bekommen.

Auch kann sehr einfach herausgefunden werden, ob das Produkt oder die Dienstleistung zugelassen ist und ob es Alternativprodukte auf dem Markt gibt. Mit dem Aufkommen des Internets ist es noch einfacher geworden, um die benötigten Informationen zu erhalten, die wir brauchen, bevor wir unser hart verdientes Geld für Dinge ausgeben, die wir nutzen wollen oder einfach haben möchten.

Eines der Hauptziele von Leuten, die mit Verkauf und Marketing zu tun haben, ist es, die Kraft der Medien zu nutzen. Die Medien sind ihr Werkzeug, um Menschen in den verschiedensten Weltteilen zu erreichen. Die Medien sind ihr Mittel, um Konsumenten davon zu überzeugen, das entsprechende eigene Produkt zu kaufen und nicht das der Konkurrenz.

Das bezieht sich nicht nur auf Konsumartikel -

dies gilt ebenso für Prominente, für Sportler, Experten und andere Menschen, deren Ziel es ist, ihre Dienstleistung anzubieten.

Mit dem Einsatz der Medien haben auch Sie die Möglichkeit, für Ihr Geschäft, Ihr Produkt oder Ihren Service zu werben. Werbeaktionen können aber auch nach hinten losgehen und sich ins Gegenteil kehren.

Social Media ist zum neuen Werkzeug aufgestiegen, um Produkte und Dienstleistungen einem grossen Publikum anzubieten.

Social Media hat aber nicht nur eine Sonnenseite. Mit Social Media ist es auch einfacher geworden, Leichen im Keller zu entdecken. Wie es so schön heisst: Das Internet vergisst nichts. Darum macht es Sinn, sorgfältig darüber nachzudenken, was Sie via neue Medien „posten".

Lange bevor Dinge unschön werden, kann ein Medien-Coach da sein, um zu helfen, Sie auf dem Markt in ein positives Licht zu rücken und Ungünstiges aus der Welt zu schaffen, das sich negativ auf Ihre Produkte und Ihre Serviceleistungen auswirken würde.

Ein Medien-Coach hilft Ihnen, den relevanten Content (Inhalt) auf Ihrem Blog oder Ihrer Webseite zu publizieren. Ein Medien-Coach kann

Sie aber auch schulen, wie Sie vor einer Kamera stehen und was Sie in die Kamera sprechen sollten.

Was ist Medien-Coaching?

Lassen Sie uns noch einmal rekapitulieren, was Coaching tatsächlich ist.

Coaching basiert ausschliesslich auf selbst gewollten Veränderungen und verfolgt ein spezielles Ziel oder avisiert ein klar definiertes Ergebnis. Coaching fokussiert auf Ergebnisse in der Zukunft und zielt auf Ihre jetzigen Stärken ab, um Ihr verstecktes Potential hervorzuholen, damit Sie die bestmögliche Version Ihres Selbst vorstellen können. Denjenigen, die permanent im Rampenlicht stehen - ob als Geschäftsmann oder als TV-Persönlichkeit - hilft ein Medien-Coach, sich das perfekte Image zuzulegen, das der Öffentlichkeit gezeigt werden soll.

Ein Medien-Coach arbeitet mit Ihnen im Bereich der Öffentlichkeitsarbeit, damit Sie bei Auftritten vor Publikum Ihr Bestes geben. Manchmal kann es ein einziges falsches Wort sein, das innert Sekunden das ruiniert, wofür Sie Jahre gearbeitet haben. Das ist die Art von Schaden, den ein Medien-Coach zu vermeiden versucht. Die

Serviceleistungen, die Sie von einem Medien-Coach erwarten können, schliessen auch das Folgende ein:

- Werbekampagnen, in denen Ihnen kompetente Ratschläge erteilt werden, wie Sie eine solche planen und welche Personen Sie fördern sollen. Sie erhalten auch Ratschläge, was Ihr Redebeitrag enthalten und wie er tönen soll und – last but not least - wie Sie Ihr Outfit für diesen Tag gestalten sollen, um auch dadurch eine gute Beziehung zu Ihrem Publikum sicherzustellen;

- Medien-Interview-Tipps, in denen Ihnen das notwendige Wissen vermittelt wird, um auch schwierige Situationen zu meistern (wie Interviews mit versteckten oder direkten Anspielungen, beleidigenden Unterstellungen u. Ä., die dazu dienen, Sie zu verunsichern und Ihre Gelassenheit zu unterminieren);

- Sie lernen insbesondere, wie Sie mit schwierigen oder spitzfindigen Personen umgehen können;

- Sie bekommen Tipps, um die richtige Art

von Bekanntheit zu erlangen und wie Sie es vermeiden, negative Berühmtheit zu erlangen, die Ihrem Image schadet.

Wer braucht Medien-Coaching?

Jeder, der ein Produkt oder einen Service anbietet, muss die Medien nutzen. Mittlere und grössere Unternehmen werden einen Medien-Coach anstellen.

Dank der neuen Medien haben aber auch Kleinstunternehmen die Möglichkeit, Medien-Coaching zu bekommen. Es gibt zahlreiche Online-Trainingskurse, die kostengünstig sind.

Was sind die Vorteile eines Medien-Coachings?

- Medien-Coachs sind gut ausgebildet, um Sie für Reden zu coachen, damit Sie Ihre Botschaft wirksam verbreiten;

- Trickreiche Fragen sind bei Reportern beliebt. Mit Hilfe und Unterstützung eines Medien-Coachs können Sie erkennen, ob der Reporter Ihnen ein Bein stellen möchte oder nur neugierig ist;

- Medien-Coachs werden Sie trainieren, Themen und Fragen zu definieren, damit die Aufmerksamkeit der Medien auf Sie und Ihre Ideen gelenkt wird und nur diese im Vordergrund stehen;

- Man spricht und plaudert locker miteinander, weil es Ihnen gut geht und Sie nur Positives zu berichten haben. Manchmal aber steht Ihnen jemand gegenüber, der (offen oder versteckt) versucht, etwas aus Ihnen herauszulocken, das Ihrem öffentlichen Ruf schaden könnte. Ein Medien-Coach hilft Ihnen, Sie in eine gewisse Alarmbereitschaft zu versetzen, um solche Situationen zu erkennen und rechtzeitig richtig zu reagieren. Er hilft Ihnen zu vermeiden, Äusserungen zu machen, die für Sie potentiell schädlich sein können;

- Oft gerät eine Situation ausser Kontrolle. Aber mit der Hilfe eines Medien-Coachs werden Sie die Fähigkeit haben, die es braucht, um solche ungünstige Situationen wieder umzukehren und zu Ihrem Vorteil zu nutzen.

Eine Berichterstattung in den Medien kann sehr

aufreibend sein. Aber es ist die beste Gelegenheit für Sie, sich selbst hervorzuheben und die eigenen Verkaufsprodukte oder Serviceleistungen zu vermarkten. Mit der Hilfe eines Medien-Coachs können Sie Ihre Stärken und Potentiale effektiv vermarkten und Fallen vermeiden, die Ihrem Ruf schaden.

Kapitel 12 - Was ist Karriere-Coaching?

Heute ist Flexibilität ist angesagt. Nur noch wenige Beschäftigte bleiben ein Leben lang in derselben Position oder am selben Arbeitsplatz. Auch ein erlernter Beruf oder ein Universitätsstudium erfordert heute ständige Fort- und Weiterbildungen, manchmal sogar eine Umschulung.

All das ist Teil der beruflichen Karriere. Durch die flexibel gewordene Arbeitswelt erlebt heute kaum mehr ein Arbeitnehmer eine lineare Karriere. Hinzu kommen regelmässige Umstrukturierungen oftmals verbunden mit Personalabbau, Stress am Arbeitsplatz und Unzufriedenheit, die nach einer Veränderung rufen. Kennen Sie das?

In diesem Fall wäre ein Karriere-Coaching empfehlenswert.

Brauche ich einen Karriere-Coach?

Karriere hat mit Berufstätigen in einem Unternehmen, mit Fachkräften und Aufstiegswilligen ebenso zu tun wie mit Freiberuflern.

Wer im Beruf unzufrieden ist, wer sich verändern

möchte, aber noch keinen Fahrplan hat, wohin es gehen soll, der kann mit einem Karriere-Coaching mehr Klarheit erlangen und seine Karriere weiter erfolgreich verfolgen.

Wann ist Karriere-Coaching empfehlenswert?

Wenn Sie unzufrieden sind und sich verändern möchten, dann ist ein Karriere-Coach gefragt, egal, ob Sie bereits eine Vorstellung Ihrer weiteren beruflichen Karriere haben oder nur den Wunsch verspüren, sich zu verändern.

Ein Karriere-Coach verhilft Ihnen zu mehr Klarheit. Methoden sind beispielsweise eine Analyse Ihrer beruflichen und persönlichen Potentiale, um Ihrer Karriere-Vision ein realistisches Ziel zu geben.

Dem folgt ein Handlungsplan, bei dem Ihr Coach Ihnen bei einer schwierigen Arbeitsplatzsituation und bei wichtigen Entscheidungen zur Seite steht und Sie bis hin zum Wechsel in ein anderes Unternehmen oder in die Selbständigkeit begleitet.

Teil des Karriere-Coachings kann zum Beispiel auch die Verbesserung Ihrer Rhetorik sein, die Weiterentwicklung Ihrer Führungsqualitäten oder ein Coaching durch ein neues, schwieriges Projekt.

Ein Karriere-Coaching unterstützt Sie in Ihrem beruflichen Werdegang, und ein Coach begleitet Sie bei der Umsetzung Ihrer beruflichen Ziele.

Kapitel 13 – Was macht ein Gehaltscoach?

Wer möchte nicht viel mehr verdienen, als er zur Zeit verdient? Wer meint nicht, dass er einen zu geringen Lohn für seine Leistung bekommt? Wer ist nicht der Meinung,, dass er vermehrt am Gewinn des Unternehmens beteiligt werden sollte?

Tatsächlich hat sich der Reallohn der Arbeitnehmer in den Jahren zwischen 2000 und 2012 um 1,8 Prozent verringert. Die Unternehmensgewinne dagegen sind zum Teil stark gestiegen.

Doch das würde bei einem Gespräch mit Ihrem Chef sicher nicht ausreichen, damit er Ihr Gehalt erhöht.

Neben der Erkenntnis braucht es zusätzlich auch Mut, um dieses persönliche Projekt endlich auch anzugehen, das Sie sich schon so lange vorgenommen haben.

Wenn Sie sich im Klaren sind, dass Sie mehr Geld verdienen möchten, sich aber vor einem Gespräch mit Ihrem Vorgesetzten scheuen, dann sollten Sie sich an einen Gehalts-Coach wenden.

Wie berät Sie ein Gehalts-Coach?

Mittlerweile gibt es eine Reihe von professionellen Coachs, die sich auf bestimmte Bereiche spezialisiert haben.

In den Bereich des Business-Coachings fallen auch Gehalts-Coaching und Karriere-Coaching.

Während es beim Business-Coaching um Ziele geht, die mit den Interessen der Firma einhergehen, stehen beim Karriere-Coaching und beim Gehalts-Coaching der Mitarbeiter und seine Interessen im Vordergrund.

Wo beginnt Gehalts-Coaching?

Gehalts-Coaching beginnt, wenn Sie die richtigen Argumente und Fakten in der Hand haben möchten, um ein höheres Gehalt zu bekommen.

Wie auch beim normalen Coaching geht es um eine Situation, welche in diesem Fall ein zu kleines Gehalt ist. Sie möchten die Vision eines besseren Gehalts verwirklichen und brauchen einen Plan, der sich umsetzen lässt und der zum gewünschten Erfolg führt.

Ein Gehalts-Coach bespricht mit Ihnen ein ideales

bzw. realistisches Gehaltsziel. Gleichzeitig entwickelt er mit Ihnen eine Strategie, wie Sie mit Ihrem Chef verhandeln können.

Ein Gehalts-Coach kann mit Ihnen analysieren, welche Vorteile und Talente Sie haben und wie Ihr Chef von Ihnen profitiert.

Gleichzeitig werden Sie vorbereitet, um den (Gegen-)Argumenten Ihres Chefs Pari zu bieten und diesen zu widersprechen.

Die Vorbereitungen können telefonisch durch Gespräche, aber auch durch Rollenspiele trainiert werden. Auch an der Selbst-PR wird im Rahmen eines Coachings gearbeitet, wenn Sie Ihre Rhetorik verbessern möchten.

Nur zu Ihrem Chef müssen Sie alleine gehen! Aber dann sind Sie bestens vorbereitet und für jede Situation gewappnet!

Kapitel 14 - Ist Coaching eine Art professionelle (Psycho-)Therapie?

Nein. Die beiden Angebote Coaching und (Psycho-)Therapie sind nicht miteinander vergleichbar und unterscheiden sich sehr stark voneinander, weil sie sehr unterschiedliche Fähigkeiten und Ausbildungen erfordern.

Eine Therapie richtet sich an ein persönliches Thema oder Problem, das ein Therapeut zu verstehen versucht, indem er zusammen mit seinem Klienten Erlebnisse in der Vergangenheit analysiert, um Probleme zu lösen, die nun zu Tage treten.

Es kann sich um alte Wunden und/oder verletzende Erfahrungen handeln, die Sie oder Ihr Team in der Gegenwart beeinflussen. Diese Art von Angebot ist hilfreich für Klienten, die besonders unter Ängsten, Süchten, Depressionen oder Neurosen leiden. Eine solche Therapie kann auch bei Gruppen angewendet werden, die aufgrund zwischenmenschlicher Probleme in ihrer Gruppendynamik Schwierigkeiten haben.

Coaching fokussiert die Gegenwart und die Zukunft. Durch die Hilfe des Coachs wird die aktuelle Lage des Klienten für die Zukunft verbessert. Das Coaching-Angebot eignet sich für Klienten, die Situationen gegenüberstehen, in denen sie fühlen, dass sie diese verbessern oder ändern können.

Das passt zu Klienten, die ihre Aufgabe und ihre Vision voranbringen und dies durch bejahende Aktionen erreichen wollen. In diesem Sinne ist Coaching eher handlungsorientiert und auf konkrete Resultate fokussiert.

Eine Therapie schaut eher auf das Negative und versucht zu beheben, was nicht funktioniert. Coaching dagegen kann ohne die Aufarbeitung dieser Probleme durchgeführt werden. Coaching achtet auf die Stärken und nutzt diese, um Dinge besser zu machen. Beide Angebote können allerdings auch zusammen genutzt werden und können sich gegenseitig ergänzen.

Kapitel 15 – Was ist Bewerbungs-Coaching?

Nähern Sie sich dem Ende der Schulzeit oder des Studiums? Kehren Sie nach einer Auszeit in Ihren ursprünglichen Beruf zurück und suchen Sie eine geeignete Stelle? Sind Sie vorbereitet auf das Bewerbungsgespräch?

Wer nach dem Ende der Schulzeit und nach Abschluss seines Studiums in die Berufswelt wechselt, muss sich bewerben. Gleiches gilt für Wiedereinsteiger oder wenn Sie sich beruflich verändern wollen.

Das Bewerbungsschreiben mit Ihrem Lebenslauf ist der erste Eindruck, den ein Unternehmen von Ihnen erhält. Dieses soll Sie nach Möglichkeit so interessant machen, dass Sie zu einem Vorstellungsgespräch eingeladen werden.

Haben Sie eine Bewerbungsstrategie?

Aus diesem Grund ist es wichtig, dass Sie ein Bewerbungsschreiben nicht als Anmeldung zu einem Bewerbungsgespräch verstehen, sondern als erste Kontaktaufnahme.

Daher sollten bereits Ihre Bewerbungsunterlagen und später Ihre Präsentation überzeugen, denn eine

Bewerbung ist pures Selbstmarketing. Wenn Sie keine Bewerbungsstrategie haben, kann Ihnen ggf. ein Bewerbungs-Coach helfen.

Was macht ein Bewerbungs-Coach?

Viele Business-Coachs oder Karriere-Coachs coachen auch Bewerbungen, denn hier beginnt Ihre Karriere. Andererseits gibt es spezielle Bewerbungs-Coachs, da es heute alltäglich ist und als normal gilt, die Firma oder auch den Beruf zu wechseln, sodass eine neue Bewerbung immer wieder erforderlich ist.

Manche Coachs geben bereits Hilfestellung, wenn es darum geht, eine neue Stelle zu suchen, für die Sie prädestiniert sind. Oder sie finden eine Marktnische, in der Sie erfolgreich agieren könnten.

Üblicherweise geht es beim Bewerbungs-Coaching um den Prozess der Bewerbung. Dabei geht es um einen Bewerbungsbrief, der neugierig macht sowie um die Gestaltung und Ausformulierung Ihres Lebenslaufes, indem dieser auf die entsprechende Stelle abgestimmt wird.

Werden Sie zu einem Bewerbungsgespräch eingeladen, dann bereitet Sie Ihr Coach auf diesen

Anlass vor, damit Sie bei der Vorstellung glänzen und vor allem Ihre persönlichen Stärken im Gespräch einbringen.

Denken Sie auch an die Social-Media-Präsenz?

Nicht zu vergessen ist dabei auch Ihre Social Media-Präsenz, denn heute ist es allgemein üblich, dass auch die Präsenz in den sozialen Netzwerken begutachtet wird. Auch hier kann ein Bewerbungs-Coach Ihnen unterstützend zur Seite stehen.

Kapitel 16 - Fünf Tipps, wie Sie Ihren Coach finden

Fünf Tipps, wie Sie Ihren Coach finden

Der Erfolg von Coaching-Partnerschaften ist von mehreren Faktoren abhängig. Alles in allem hängt der Erfolg aber von der Wahl des richtigen Coachs ab, mit dem Sie arbeiten.

Hier einige Tipps, wie Sie den für Sie richtigen Coach finden:

- Sprechen Sie mit mehr als nur einem Coach, um herauszufinden, bei wem Sie sich wohl fühlen. Meistens hilft schon ein erstes Gespräch, um herauszufinden, ob die Chemie zwischen Ihnen stimmt. Coachs sind sich gewöhnt, interviewt zu werden, und so ist ein erstes Gespräch kein grosser Aufwand und für beide Seiten sehr wichtig.

- Achten Sie auf Unterschieden und Gemeinsamkeiten zwischen Ihnen und dem Coach, und schauen Sie, wie er Ihnen und ggf. Ihrem Team bei der Weiterentwicklung helfen kann.

- Sprechen Sie mit dem Coach über Ihre Ziele,

und sprechen Sie mit ihm über seine und Ihre bevorzugte Arbeitsmethode.

- Fragen Sie den Coach, was passieren wird, wenn sich die Partnerschaft zwischen ihm und Ihnen nicht so gut entwickelt?

Ist der Coaching-Prozess eine Partnerschaft?

Denken Sie daran, dass der gesamte Coaching-Prozess eine Partnerschaft ist. Das bedeutet, dass Sie nicht alles hinnehmen und akzeptieren müssen, was der Coach sagt.

Das heisst, dass auch Sie aktiv werden sollen und selbstbewusst mit dem Coach verhandeln, besonders wenn Sie ein Anliegen, eine Frage oder ein Problem haben, das Sie beunruhigt und das Sie unbedingt besprechen bzw. loswerden möchten.

Kapitel 17 - Was wird von mir während eines Coachings verlangt?

Was wird von mir während eines Coachings verlangt?

Um sicher zu gehen, dass das Coaching ein Erfolg wird, gibt es einige Dinge, die vom Klienten verlangt werden - sei es von Ihnen als Einzelperson oder von Ihrem Team, das vom Coach betreut wird:

- den Blick auf sich selbst richten;

- schwierige Fragen beantworten und harte Tatsachen über sich selbst zulassen;

- auf persönliche Urteile, Annahmen und Eingebungen hören;

- aktuelle Überzeugungen, Verhaltensweisen und Haltungen hinterfragen und Innovatives entwickeln, insbesondere das, was eine Verbesserung bringt;

- Stärken erkennen, die zum Durchbruch verhelfen, um einen starken Stil zu entwickeln, der Ihnen helfen wird, Grenzen zu überwinden und Probleme zu lösen;

- Rückschläge nicht ausschliessen und Verständnis für sich und die Teammitglieder in dieser Zeit zeigen;

- handeln Sie, egal wie schwierig oder unbequem es scheint; es ist immer ein Versuch wert, um Ihre Ziele zu erreichen;

- nehmen Sie sich nicht zu ernst; damit bringen Sie Licht in so manche düstere Situation;

- bleiben Sie am Boden und geben Sie nicht auf angesichts unerfüllter Erwartungen und Enttäuschungen;

- drängen Sie nach mehr und fahren Sie fort, sich selbst zu fordern - sowohl während und als auch nach Abschluss des Coachings.

Zusammenfassung

Wie Sie nach dieser Übersicht nun bestimmt entdeckt haben, gibt es sehr unterschiedliche Arten von Coaching. Auf der einen Seite gibt es klar Geschäfts orientierte Coachings wie das Business Coaching, Leadership Coaching, Karriere Coaching, New Media Cosching und Gehaltscoaching. Auf der anderen Seite gibt es Mental Coaching, Atem Coaching, Holistic Coaching, Life Coaching und Natur Coaching.

Vieleicht haben Sie zu Beginn für sich gedacht, das sind ja alles eigenständige Coaching Kategorien ohne Berührungspunkte.

Was wäre aber, wenn Sie wegen einer um 50% besseren gesundheitlichen Verfassung (dank Atem Coaching) Ihrer Karriere einen Powerboost geben können und so mehr verdienen?

Oder was wäre, wenn Sie dank dem New Media Coaching (z.B. eigenes Buch, E-Book, Audio Book) als Experte wahrgenommen werden und so in die Management Spitze aufsteigen und Ihr einkommen verdoppeln?

Oder was wäre wenn Sie durch das Life Coaching einen neuen Job entdecken, welcher Ihnen mehr Freiheit gibt und Spass macht?

Die unterschiedlichen Coaching Kategorien haben mehr Berührungspunkte als es auf den ersten Blick erscheint. Und die verschiedenen Coachings sind durchaus unter einander kombinierbar.

Danke, dass Sie dieses Buch gekauft und gelesen haben.

Hier finden Sie auf meiner Homepage top aktuelle Informationen zu Coaching:

www.coaching1.ch

Weitere Bücher von Markus Köberle

Wie veröffentliche ich mein erstes E-Book auf Amazon Kindle?
In diesem E-Book beschreibe ich den einfachsten Weg ein E-Book für Amazon Kindle zu formatieren und bei Amazon KDP zu publizieren.
Amazon ASIN: B00BC3N73G

Wie kann ich mein erfolgreiches Sachbuch schreiben?
Können Sie sich vorstellen zu sagen „Ich bin Buchautor", und möchten Sie die Anerkennung und Reputation eines Buchautors für Ihr Geschäft oder Ihre Karriere nutzen? Dann ist diese Buch für Sie.

Content und Education Marketing haben sich als das effizienteste Werbemittel herausgestellt, aber nur wenige nutzen das Content und Education Marketing in Buchform. Viele Menschen haben immer noch eine grosse Angst, ein Buch zu schreiben. Mit der Methode, die ich in diesem Buch beschreibe, ist es aber für jeden möglich, ein kleines Sachbuch oder einen kleinen Ratgeber in 2 bis 3 Monaten fertigzustellen.
Amazon ASIN: B009AVTXI0

www.ingramcontent.com/pod-product-compliance
Lightning Source LLC
Chambersburg PA
CBHW051218170526
45166CB00005B/1947